いちばん
やさしい
道徳授業

考え、議論する
授業づくりの
基礎スキル

JN022012

丸岡慎弥 著

明治図書

はじめに

　特別の教科 道徳（以下，道徳科）が小学校の現場では2018年度からスタートしました。（中学校では2019年度より）

　道徳の授業が「特別の教科」としてスタートして早5年が経ちました（2022年執筆時）が，今のみなさんの心境はいかがでしょうか。

・道徳の授業が毎回楽しみだなぁ‼　早く次の道徳の授業がやってきてほしい。

・道徳の授業を考えるのが毎回楽しみだ！　自分がどんな風に読むかが道徳の醍醐味なんだなぁ。

　そんな風に思っている方にとって，本書がお役に立てることはないでしょう。そっと本棚に戻していただくか，知り合いの先生へとゆずってくだされ ばと思います。

　この本は，道徳科を理解するのに「いちばんやさしい」本に仕上げました。

　よって，次のような思いをもっている方には，ぜひお読みいただきたいと思っています。

・他の教科の授業は何となくわかってきたけれど，道徳の授業だけはよくわからない。

・道徳が教科化されて5年も経ったけれど，道徳授業のやり方をはじめ，まだまだよくわからない。

　そんなことを悩む人のためにやってきてくれたのが，**バームン**です。若い先生の悩みをバームンが「いちばんわかりやすく」解説します。

はじめまして‼ バームンだよ！
道徳のことがわからなくても
苦手意識があっても大丈夫‼
ぼくが「いちばんやさしく」教えていくよ‼

バームン‼ ありがとう。とっても助かるよ……。
実は，道徳についていろいろわからないんだ……。

例えば，他の教科は教えることがはっきりしている気が
するんだけど，道徳では，
何を教えたらいいのかわからなくて……。

道徳科は他の教科とは何か違う気がするんだよね……。
でも，その「何か」がわからなくて……。

なるほど‼ いい視点に気が付いているね〜！
「道徳では何を教えたらいいのかわからない」
本当にその通りなんだ。

道徳科は他の教科と違う気がする。
それも，その通りだね‼

え!?　いや,「その通りだね!!」じゃなくて,
どうすればいいのか,答えを教えてほしいんだけど……。

本当に毎回の道徳の授業をするのが辛くて……。
「週に一度」が嫌なんです……。涙

おっとっと,ごめんごめん。
でもね,まずは,言ってくれたように
「何を教えたらいいのか」
「他の教科とは違う」
ということに気付くことが大切なんだよ!

それに気付いたら,この本の中身をめくってみよう!
もちろん,何が違うのかまだよくわからなくても
大丈夫!!　この後でじっくりわかりやすく
解説していくからね。

そっか!!　よかった!　ありがとうバームン!
これで,道徳の授業が少しは楽しくなるかなぁ～。

4

本当は，道徳の授業がんばりたかったんだよね‼
なんか，道徳って大切な気がするし……。

道徳授業にやる気が出てきたみたいだね‼
じゃあ，本の中身に入っていこう！
道徳の楽しさや大切さ，さらには
授業で大切なことを教えていくよ！

よーし！　バームンと一緒なら安心してきた！
道徳について，いろいろ教えてね〜！

じゃあ，バームンと一緒に本を読んで
道徳を勉強していこう！
どんなことが知れるのか楽しみだなぁ〜！

Contents

発問　中心発問で子どもの思いを引き出す

終末　自分ごとへとつなげる終末の工夫

第**3**章
道徳授業なんでも Q&A

道徳科では,
いったい何を学ぶのでしょう?
授業づくりでは何が大切なのでしょう?
指導の本質は,どこにあるのでしょう?
そもそも,道徳って何でしょう?
道徳とは何か,を考えることから
スタートします。

第**1**章

道徳って
なあに?

答えはそれぞれの子どもの中にある

それぞれがまとめをする時間

「授業では必ずまとめをしましょう」と，これまではいわれてきたかもしれません。しかし，道徳科では，全体での授業のまとめは必要ありません。道徳科では「それぞれが，それぞれのまとめをする」と心得ましょう。

道徳科の授業の捉え方をアップデートする

とはいえ，「それぞれが，それぞれのまとめをする」といわれてもピンとこないかもしれません。

「授業では，最後のまとめが大切」

「一時間の中で何を学んだのかを明確にしましょう」

そんな風に指導を受けてきた先生も多いのではないでしょうか。

しかし，道徳科の場合はちょっと違います。

道徳科では，「努力」「家族」「自然」などといったキーワード（内容項目）をもとに学習を進めていきます。

それらのキーワードをもとにして，学級のみんなで議論を進めていくのです。

例えば，授業の中で「家族とは何だろうか？」と話し合いを進めたとしましょう。「自分を支えてくれる存在」「かけがえのない存在」といった意見も飛び出すでしょうし，「自分自身も一員として役に立たないといけない」といった答えも返ってくるでしょう。

これらの意見を,「どれかひとつを正解とする」,または「この3つをひとつにまとめる」ということはできるでしょうか。また,まとめる必要があるでしょうか。

　「家族とは何だろうか?」という問いに対する捉え方は様々です。

　それぞれで違っていて当たり前です。

道徳科の答えは,それぞれの子どもの中にある

　そんな風に思うようにしてみましょう。

　「まとめがないと不安だな」
　「本当にこれで教えたと言えるのかな」
などと気になるかもしれません。

　しかし,そのマインドのままでは,道徳科の授業をよりよくしていくことはできません。「授業の捉え方を変換する」,つまり**「授業観」をアップデート**する必要があるのです。

道徳科は「教える」時間だけでなく,「子どもたちが気付く」時間

　そんな風に捉えてください。

　きっと,よりよい道徳授業づくりの第一歩を踏み出すことができるはずです。

道徳科の授業は「教える時間」だけではなく
「子どもたちが気付く時間」なんだね!

いろいろな見方を知る
―多面的・多角的な見方とは―

「多面的・多角的」とは？

　道徳科の授業では「多面的・多角的な見方をしましょう」といわれます。

　「多面的・多角的」といわれてもピンとこない先生も多いのではないでしょうか。

　先輩の先生に「多面的・多角的という言葉を説明してみて」といわれたらどのように答えるでしょうか。

　「いろいろな意見があってもいいということ……？」

　「いろいろな方向から物事を見ること……？」

　何とか言葉を絞り出せそうですが，何だかすっきりはしませんね。

　ここで，すっきりとさせましょう。

　まず，「多面的」と「多角的」の２つの言葉の違いを考えてみましょう。

　私は，「多面的」と「多角的」を次のように捉えています。

> **多面的**……野球の試合を観客席から見ている状態。外野席，内野席，バックネット裏（バッターやキャッチャーの真後ろ）など，いろいろな箇所から見ると，同じ野球の試合でも見え方が違う。
> 　　　　　　　　　　　　　　　　　　　　　　　　　　　　　【ドローン的】
> **多角的**……野球の試合を，ある一人の人から見ている状態。例えば，バ

ッターボックスの中に入って試合を見てみると，ピッチャー，観客，味方，相手など様々なものが見えている。

【着ぐるみ的】

　つまり，野球という試合において「全体をドローンから見るようにする」のが「多面的」であり，「例えばバッターの着ぐるみを着て，バッター視点で試合を見る」のが「多角的」なのです。

　道徳科の教材であれば，「教材をドローンから客観的に見る」のが「多面的」であり，「登場人物の着ぐるみを着るようにして中に入って考える」のが「多角的」です。
　「多面的・多角的」は「ドローン的・着ぐるみ的」と理解するようにしましょう。

　「多面的・多角的」を理解できると，教材の見え方や授業づくりがうんと変わってきます。ぜひ，授業づくりに活かしてくださいね。

「多面的・多角的」は「ドローン的・着ぐるみ的」
として覚えておこう！

目的は「よりよく生きる」ための
ヒント探し

道徳授業ならではの困惑も

それぞれが，それぞれの答えをもっていいのが道徳科の授業の特徴であり
よいところです。しかし，そのような道徳科の授業だからこそ，困惑してし
まう人もいるのかもしれません。

「道徳コンパス」で目指すべき先を見る

道徳科の授業の特徴といえば，やはり次のことが挙げられるでしょう。

答えがない

答えがないからこそ，おもしろいのが道徳科の授業ですが，それにより困
惑してしまう先生も少なくありません。

「結局，何を目指したらいいの……？」

そんな風に思い，道徳科の授業に嫌悪感をもつ人も少なくありません。
道徳科の授業の目的は次の通りです。この目的はいつも見失わないように
しましょう。

「よりよく生きる」ことに向かっている

この大きな目的を見失わないようにすることで，道徳授業の羅針盤とすることができます。

週に一度の道徳科の授業の役割は，

「よりよく生きる」ための
ヒント探し

なのです。

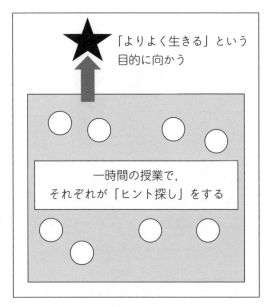

「よりよく生きる」という
目的に向かう

一時間の授業で，
それぞれが「ヒント探し」をする

道徳コンパス

「道徳の授業で何をしていいのかわからない」「道徳授業をしているけれど，何のために取り組んでいるのかわからない」と，これまで悩んでいた方もいると思います。

しかし，この図式を頭に入れておくことで，「道徳迷子」にならずにすむのです。

私は，この図式を「**道徳コンパス**」としており，いつも頭の中に持ち合わせています。多様な子どもたちの意見が出てきますが，「よりよく生きる」という方向に向かっているかどうかというものさしで，子どもたちの意見を聞くことができるようになります。

ぜひ，みなさんも「道徳コンパス」を頭の中に持ち合わせ，「よりよく生きる」という目的に向かって道徳授業に取り組んでもらえたらと思います。

「道徳コンパス」を持ち合わせ，
いつもどこに向かっているのかを確認しよう！

道徳授業の基本的な流れとは

指導書通りにやってもうまくいかない？

「道徳授業の基本的な流れってそもそも何？」と思う人も少なくないでしょう。「指導書通りにやっているけれど，なかなかうまくいかない」と感じることもあるかもしれません。

道徳授業の基本的な流れを知る

指導書に書かれている通りに道徳授業を実施しているけれど，なかなかうまくいかない。

研修で習ったことや「○○スタンダード」の通りにきちんとやっているのに，道徳授業に効果を感じない。

そんな人もまだまだたくさんいらっしゃると思います。

ここで，改めて「道徳授業の基本的な流れ」を確認することにしましょう。

とはいっても，あくまでも「私なり」の基本的流れです。

私の授業の基本的な流れは，子どもたちの感性の交流なしでは実施できないようになっています。（それぞれのポイントは第2章で紹介します。）

〈道徳授業の基本的な流れ〉

導入発問

　↓

（範読後）心が動いたところを交流　（第2章 p.64〜で詳しく解説）

　↓

```
基本発問　※場合によっては実施しない
　　↓
中心発問
　　↓
終末発問
```

このような流れになっています。

　基本的には、「場面発問」を実施せず、実施するときにも「必要最低限の場面発問」に絞るようにしています。

　「ちょっと待って！　そもそも、その○○発問って何？」という方もいるでしょう。そこで、以下に道徳科で扱われる発問の種類を掲載しておきますので、参考にしてみてください。

```
○導　入　発　問……導入時に行う発問
　　　　　　　　　　「教材内容に興味関心を高める」発問と「価値その
　　　　　　　　　　ものを扱い価値の方向付けをする」発問がある
○場　面　発　問……お話の内容を確認するための発問
○基　本　発　問……中心発問を深く考える前に考えておきたい発問
○切り返し発問……子どもたちの意見に対して「どういうこと？」など、
　　　　　　　　　　深い意見を引き出すための発問
○中　心　発　問……本時のねらいに迫る発問
○終　末　発　問……授業の終末時に行う発問（自分ごとにつなげること
　　　　　　　　　　が多い）
```

　　まずは「道徳授業の基本的な流れ」を押さえておこう！

形にとらわれなくていい

形にとらわれない

　「道徳科の授業はこのように実施しましょう」「○○スタンダードを活用しましょう」などといわれたことのある先生も少なくないのかもしれません。しかし，道徳科の授業づくりは「形にとらわれない」ことが大原則です。

しなやかな道徳授業をつくる

　「指導書通りにやってみましょう」「○○スタンダードでやりましょう」がすべてではありません。

　それらは，

> ひとつの指導方法である

ということを忘れないようにしておきましょう。それらをすべて否定するわけでも，肯定するわけでもないのです。それらは「幾通りもある指導法のうちのひとつ」なのです。

　他にも次のようなことにとらわれてはいないでしょうか。私の考える「形にとらわれない」ことをいくつか紹介します。

> ・黒板に書く文字は縦書きでも横書きでもよい。
> ・縦書きと横書きを混ぜてしまってもよい。斜めに書いてもよい。

- 「板書は右から」だけではない。左からでも真ん中からでもよい。
- 授業中の「めあて」は書かなくてもよい。もちろん，書いてもよい。
- 黒板に使うチョークの色は，どの色を使ってもよい。
- 黒板には子どもたちが書いてもよい。黒板を使うのは先生に限らない。
- 「まとめ」は書かなくてよい。
- 道徳ノートを活用しても，ワークシートを活用してもよい。5ミリ方眼ノートを活用するのもよい。

いかがでしょうか。

「え⁉　いいの？」ということはあったでしょうか。

その「え⁉」と出合うたびに，道徳授業の幅をどんどんと広げることができるのです。

道徳科の授業はしなやかであること

これがとにかく大切です。「○○しなければ……」「××のように……」などと，凝り固まってしまえばしまうほど，道徳授業のよさはどんどんと消えていってしまいます。子どもたちが，ねらいに向かって自由な意見を出すためには，まず，先生が形にとらわれずに，授業づくりに向かうことが大切です。「○○しなければ」から解放され，しなやかな道徳授業をつくっていきましょう。

たくさんの指導法を知り，
しなやかな道徳授業をつくる意識をもとう！

子どもたちの感性からスタートさせる

道徳授業で何より大切にしたいこと

　道徳授業で何より大切にしたいのが「子どもたちの感性」です。子どもたちの感性から始まる道徳授業は，子どもたちにあらゆる気付きをもたらしてくれます。

子どもたちの感性を活かせているか

　子どもたちは教材と出合ったとき，様々なことを感じています。（指導法の詳細は第 2 章 p.64〜で紹介します。）

・この人の生き方はすごいな。
・どうして，うまく謝ることができなかったのかな。
・自分だったらどうするかな。
・このことはいいことなのかな？　悪いことなのかな？

　子どもたちは教材と出合い，いろいろな感情や考えをもちます。

　また，「どんな意見を言ってもいいんだよ」という安心感のある教室では，その思いはさらに膨らんでいきます。

　子どもは，大人以上に鋭い感性をもっているもの。

　この子どもならではの感性を道徳授業で活用しないのは，あまりにももったいないことです。

また，次のようなことも起こっているかもしれません。

> 授業者によって考え込まれた授業づくり・考え込まれた発問が
> 子どもたちの感性をつぶしてしまっている

もしかすると，よかれと思った私たち授業者の行いが，このようなことを起こしてしまっている可能性すらあるのです。

「問う」ということは，思考の方向性を決めるということ。
また，「脳は問いを避けられない」という性質ももっています。
授業者による発問は子どもたちに，それほど影響を与えます。
子どもたちが教材と出合って生まれる「いいなっ！」「どうして？」という素朴な感性を，授業者による不必要な発問で消してしまっているのかもしれない。そんなことすらあるのです。

道徳授業は，いかに子どもたちの感性を活かすことができるか，がポイントです。
道徳授業に取り組むときには，
「どのようにすれば，子どもたちの感性を最大限に活かせるのか？」
と，意識するようにしてみましょう。
その意識をもつことで，道徳の授業を大きく変えていくことができるのです。

> 「子どもたちの感性を最大限に活かす」と
> 強く意識しよう！

先生の役割はつなぎ役

道徳科の先生の役目って？

「道徳授業に答えはない」「答えは子どもたちがそれぞれに見つける」など といったことをお伝えしてきました。そうなると，「先生の役目っていった い何なの？」と疑問がわいてくるのではないでしょうか。

子どもたちの意見を引き出すために

道徳科の授業における先生の役割。

それは，とにかく

子どもたちの意見のつなぎ役

に尽きます。「何かを教える」といったことが，極端に少ない道徳の授業では， 「とにかく子どもたちの意見をつないでいく」ということが大切だからです。

つまり，道徳の授業においては，

先生はファシリテーター（意見を整理する人）であり続ける

ことが大切だと言えるでしょう。

道徳授業で子どもたちの意見をどれだけ引き出せるか。
子どもたちが安心して自分の意見を語れるかどうか。

それは，ファシリテーター役の先生の出す雰囲気によって大きく変わってきます。

　まず，ファシリテーターとして，次のような姿勢が何より大切です。

> どんな子どもの意見も受け止める

　もしかすると「え!?　そんな意見？」という子どもたちの意見と出合うこともあるかもしれません。
　しかし，そんなときも，まずは「しっかりと受け止める」ということをするのです。

しっかりと発言している子どもの方へ目を向けて　【視線】
「うんうん」と相づちを入れて　　　　　　　　　【相づち】
「へ～」「なるほど～」とうなずきを入れて　　　【うなずき】

　そして，「え!?」と思うような意見が出たときにこそ

> どうしてそう考えたの？

と，そのまま子どもたちへと問い返してみましょう。
　すると，大人ですら「そんな考えがあるのか」と，感心させられるような場面に出合うことも多くありますよ。

> 子どもたちの意見が出るかどうかは，
> 先生のファシリテートにかかっているよ！

思い通りになんていかなくていい

「計画通りにいかない」がスタンダード

　研究授業などに取り組むとき，「指導案通りに」「（事前につくった）細案通りに」と思う先生もいらっしゃることと思います。しかし，道徳の授業では，計画がうまくいかないことは，よくあることです。

道徳授業をダイナミックに

　道徳の授業ほど

指導案通りに進む授業にならない

ことは，間違いありません。

　子どもたちの感性を大切にしながら進めていく道徳授業では，とにかく「子どもたちの言葉」を大切にしながら授業を進めていきます。

　もちろん

「子どもたちはどのような言葉を出すだろう」

「この子たちならこんな言葉を出すかもしれない」

といった事前の想定はできる限り行いますが，それも限界があります。

　子どもたちは，

「登場人物と○○は細いけれど確かな糸でつながっている」

「登場人物に心が近付いていっている」

など，大人の予想を簡単に超えていくような言葉をどんどんと出してきます。

ですので，私は「道徳の授業をすべて計画通りに進めることは不可能である」と思っています。
　むしろ
「自分の思い通りに進んでいるような道徳授業ではいけない」
「計画通りに進んでいくような道徳授業ではいけない」
とすら思います。
　それでは，道徳授業のもつダイナミックな可能性を十分に引き出すことができないのです。

「そんなこといわれても……」
「指導案なしで授業を進めるのは，授業がうまい人だけができることじゃない？」
と思う方もいるでしょう。
　もちろん，そう簡単にはいきません。それでも，

・研究授業の実施直前に指導案を捨てる

・「教材研究」を確かに行う（第2章 pp.32～47で詳しく解説）

という二点を行うことで，予定通りの道徳授業から飛び出し，本当にダイナミックな道徳授業づくりへの第一歩を踏み出すことができるのです。
「道徳授業は思い通りになんていかなくていい」
　ぜひ，そんな気持ちで，子どもたちとの道徳授業での対話を楽しんでもらえたらと思っています。

ダイナミックな道徳授業を目指し，
子どもたちとの対話を楽しもう！

子どもたちと一緒に考える

「一緒に考える」道徳授業

　道徳の授業をし続けていると「子どもたちの意見から学ぶ」ということが本当によくあります。道徳の授業では，「教える」ということではなく，「一緒に考える」といった方がしっくりときます。

共に学び合う「ジェネレーター」を目指す

　私は，道徳授業を年間に40回ほど実施します。（週に一度の道徳授業を最初から最後まで行うと，自然にそのような回数になります。）

　それだけ道徳授業を大切にし続けていて思うことがあります。

> 子どもたちの発言から学ぶことが本当に多い

のです。もちろん，

　「ずっと子どもたちから教えてもらってばかりではいけない」

　「授業は子どもたちが学ぶ場なのだから，授業づくりをしっかりとして，子どもたちにとって学びになる授業をつくらなければ」

そんな風に思って，毎回の道徳授業を準備していても，です。

　だからこそ，

> しっかりとファシリテートして，子どもたちの学びになるように

と思って，授業に臨むのです。

　しかし，どうでしょう。そう思って，授業づくりをていねいにすればするほど，子どもたちの発言が鋭くなっていき「すごい！」「なるほど‼」と思う意見に次々と出合います。
　そのたびに，「それってどういうこと？」「もうちょっと詳しく教えて？」と尋ねるのですが，これは子どもたちの意見を深くしようとしているだけでなく，

> **自分自身が知りたい**

と思うから，子どもたちに質問を投げかけているのです。
　道徳科は，大人も子どもも一緒になって学ぶことのできる教科です。
　こうした「学び合うファシリテーター」のことを

> ジェネレーター

といいます。
　道徳の授業では，ファシリテーターを飛び越え，ジェネレーターとして子どもたちと一緒に学ぶという姿勢が大切なのだと思います。

> 子どもたちと一緒に学ぶ
> 「ジェネレーター」を目指そう！

考え，議論する道徳にするために，大切にしたい7つの視点があります。

教材研究　　導入　　共有
交流　　板書　　発問　　終末

授業づくりは，この7つを押さえることからスタートしましょう。

第2章

7つの視点でわかる
考え，議論する
道徳授業の
つくり方

まずは「素の自分」で読んでみる

教材を「素の自分」で読めるようになろう！

本当にシンプルなことから

　第1章を読んで「道徳の授業は楽しそうだけど難しい」「まず何をしたらいいの？」と思った方もいるかもしれません。道徳授業でまずはじめにすることは本当にシンプルなことからです。

素材研究が5割を占める

　道徳の教材研究で最も大切なこと。それは，

「素の自分」で教材を読むこと

です。
　「こんなことが？」と思うかもしれませんが，この「素の自分で読む」ということが，本当に大切なことになります。
　「素の自分で読む」とはどういうことか。
　国語授業名人の野口芳宏先生は次のようにいいました。

「教師面」をせずに，一人の人間として読むこと

　野口先生は，これを「素材研究」と呼びました。そして，教材研究のうち

50%の時間は素材研究に時間を使った方がいいとおっしゃっているのです。

「教師面をしない」とはどういうことでしょうか。

例えば……

- ・「子どもたちに教える」ということを抜きにして読んでみる
- ・ありのままの自分で教材を読み，感じたことや疑問に思うことを大切にする
- ・「どうしてかな」「もっと知りたいな」と思ったことは自分で調べてみる
- ・自分のこれまでの体験などとつなげながら読む

そんな風にして，**「教師という立場」を一旦横に置きながら読んでいく**ことを大切にするのです。

気になった箇所には線を引いたりメモを取ったりしながら読んでいくと，どんどんおもしろくなってきます。「教材を汚しながら読む」ことを大切にし，自分の手と頭を動かしながら読んでいきましょう。

このような作業が，授業づくりの土台になっていきます。

ただし，ここで得た知識や気付きをすべて授業で活用するわけではありません。こうして「素の自分で読む」ことを通して教材への見方をうんと広げたり深めたりすることが，道徳授業を楽しみ，よりよくしていくための大きな一歩となるのです。

〈参考文献〉野口芳宏『国語科授業の教科書 改訂版』（2020）さくら社

- ・「素の自分で読む」ことを徹底してみよう。教材に線を引いたりメモを取ったりして，どんどんと教材を汚してみよう。
- ・教材研究は「素材研究が50%」と心得よう。

「ツッコミ」を入れながら読んでみる

芸人さんに負けない「ツッコミ」をしよう！

教材に「ツッコミ」を！

　素の自分で読むことの次には，お笑い芸人さんのように「ツッコミ」を入れながら教材と向き合ってみましょう。教材にツッコミを入れることで，違った視点で教材と向き合うことができるようになります。

「ツッコミ」が思考を深くする

　私は，お笑い芸人さんのように，教材に対してどんどんと「ツッコミ」を入れながら読むようにしています。

・なんでやねん！
・なんやねん！
・ほんまかいな～？

　こんなツッコミを入れながら読むことで，教材をより豊かに読むことができるようになっていきます。
　とはいえ，「教材にツッコミってどういうこと??」と思う方もいるでしょう。
　実は，教材にツッコミを入れるという作業は，次の思考を使って読んでいることになるのです。

批判的思考（クリティカル・シンキング）

　「批判的」と聞くと，評価や否定をイメージし，よくないイメージをもつ方もいるかもしれません。しかし，批判的思考は決してネガティブなイメージでなく，教材をよりよく読むという目的に向けて，物の見方や考え方を広げたり深めたりするために行うものです。

　では，批判的思考を使って教材を読むとどのようになるのでしょうか。

　例えば，以下のような点で教材を読んでみます。

・どうして，登場人物の○○さんは××をしたんだろう？
・○○という結果を出すことができたのは，**何が原因**なんだろう？
・○○さんは，**本当に**××してよかったのだろうか？

　このようにして教材を読んでいきます。もちろん，それに対する答えを自分なりに考えることで，教材を深く読めるようになるだけでなく，自分自身の思考の鋭さも磨くことができるようになります。

　先に紹介したお笑い芸人さんのツッコミを解説すると以下のようになります。ぜひ，こんな視点で教材を読んでみてください！

・なんでやねん！　　→【なぜ（どうして）？】を問う
・なんやねん！　　　→【何？】を問う
・ほんまかいな〜？　→【本当に？】を問う

・**教材へのツッコミを大切にしよう。**
・**ツッコミの後の答えを自分なりに考えてみよう。**

子どもになって読むこともやってみる

> 「素の自分読み」「ツッコミ読み」が終わったら
> 「子ども読み」をしてみよう！

3つ目の読み方を知る

　ここまで「素の自分で読む」「ツッコミを入れて読む」ことをお伝えして
きました。が，それだけで終わってしまってはいけません。最後に，「子ど
もになって読む」ことを必ずしておきましょう。

「子ども読み」を忘れない

　「素の自分で読む」「ツッコミを入れて読む」の２つの読み方で，教材をか
なり深く読むことができるようになっています。

　こうした状態を自分の中でつくり出すことで，授業中の「受け」を幅広く
することができます。

　「受け」を幅広くするとは，どういうことなのかというと……

・こちらが思ってもみなかった子どもたちの感性にも対応できる
・子どもたちが伝えたいと思うことを引き出すことができるようになる
・子どもたちの「なぜ？」「どうして？」といった疑問に対応できる

といったようなことです。

　つまり，

ファシリテートを豊かにできる

と言えるでしょう。

　しかし，忘れてはいけないことがあります。それは，

子どもになって読む「子ども読み」をする

ことです。そうでなければ

先生の独りよがりで授業を進めてしまう

という危険性を持ち合わせてしまうからです。

　「教材研究を深くする」ということは，「自分だけの読みを深め続ける」という危険性を常に持ち合わせています。しっかりと教材研究をしたつもりだったのに「あれ？　子どもたちの考えとズレている??」となってしまっては，せっかくの教材研究も活きません。

　そこで，私が必ず行っているのは，

子どもになったつもりで教材を読む

ということです。こうすることで，「子どもならここはこう読むかも」「子どもたちもここはこう感じるな」と，「読みを合わせる」ことができるのです。

・「子どもになって読む」という読み方を忘れずに行おう。
・「子ども読み」でそれまでの読みとの共通点や相違点を知ろう。

内容項目探しをする

> 教材にかくれている内容項目を見つけよう！

内容項目を見つけてみる

「ここまで自分の中でも読みを深めてきたけれど，内容項目（その授業で扱う道徳的な内容）は気にしなくてもいいの？」と気になる方もいると思います。ここでは「内容項目探し」を紹介します。

教材に潜む内容項目をできるだけたくさん探す

教材文の読み方のひとつとして

内容項目探し読み

をやってみましょう。

内容項目探し読みとは，読んで字のごとく

教材の中に，どのような内容項目が含まれているのかを探しながら読むこと

です。

内容項目探し読みをするときに，とても大切なことがあります。

それは，

> 本時で（メインで）扱う内容項目にとらわれないで探す

ということです。

　道徳の教材の中には，ひとつの内容項目のみが描かれているわけではないものもあります。例えば，「友情」をメインに扱った教材の中にも，「親切，思いやり」や「節度，節制」が含まれている可能性があるわけです。

　ですので，メインで扱う内容項目のみにとらわれず，関連する内容項目も含めて探していきましょう。

　手順は次の通りです。

> ①内容項目一覧表＊を（何となく）頭の中に入れる
> 　（＊pp.166〜167にも掲載）
> ②教材を読みながら内容項目探しをする
> ③「ここに努力がある」など，内容項目を見つけたら，線を引いて「努力」などとメモを書く
> ④内容項目一覧表にない価値があったと思ったときには，それを追記してもよい

　このような形で「内容項目」というメガネをかけて読み進めてみます。メインの内容項目のみにとらわれない読み方をすることで，教材をより立体的に読むことができるようになります。ぜひ，挑戦してみてください。

〈参考文献〉広山隆行編著，横山験也監修『道徳読み──教科書を使う道徳の新しい授業法』(2018)
　　　　　さくら社

> ・メインの内容項目にとらわれず，教材にある内容項目を探そう。
> ・見つけた内容項目は，どんどんとメモを取っていこう。

学習指導要領解説を2ページ読む

特別の教科 道徳　学習指導要領解説編を
チェックしよう！

いつも開きたい解説編

　授業づくりで欠かせないのが「学習指導要領解説編」を読むことです。特別の教科 道徳の学習指導要領解説編には，内容項目ごとに見開きでまとめられているページがあります。いつもそこを開くようにしましょう。

授業づくりのルーティーンに

　私の授業づくりのルーティーンとして，次のことがあります。

特別の教科 道徳　学習指導要領解説編（以下，解説編）の，内容項目の説明が書かれている見開きを読む

　解説編の内容項目が記されている見開きページには，該当する内容項目に関して，次のようなことが記されています。

・各学年の目標
・内容項目名
・内容項目の概要
・各学年の指導の要点（発達段階の解説＆指導のポイント）

解説編は，内容項目に関してすっきりとまとめられている優れた資料です。この資料を活用しない手はありません。ぜひ，いつでも開けるようにしておいてください。

　私は，すぐに開くことができるように次のことをしています。

・解説編をダウンロードし，PCのデスクトップに貼り付ける（「特別の教科 道徳 学習指導要領解説編」と検索すればヒットします。PDFファイルをダウンロードすることもできます。）
・PCの検索機能（「Ctrl（コントロールキー）＋Fキー」がショートカット機能です）を使って，調べたい内容項目を検索する

　上記のようにすると，すぐにヒットします。何度もいつでもどこでも検索するので，紙媒体ではなくデジタルを活用しています。スマートフォンでもPCでも見ることができるのでおすすめです。

　一度授業した内容項目でも必ず検索し，目を通すようにします。

　解説編を読むことで，次のようなことがわかってきます。

・その時間に押さえるべきポイント
・授業する教材がどうして扱われているのかという意義
・子どもたちの発達段階に合わせた授業づくり

　見開きでまとめられているので，ぎゅっと要点がまとまっています。気になるところやねらいの文言などは，毎回，手で書くようにもしています。

　解説編も効果的に活用し，よりよい授業へとつなげましょう。

・授業前には解説編を必ず読もう。
・何度読んでも発見がある。繰り返し目を通すようにしよう。

お話を図式化してみる

教材分析に「図式化」を取り入れよう！

文章は「図式化」で理解が深まる

道徳の教材は「読み物教材」といわれるように，物語風に書かれていることがほとんどです。そんな読み物は「図式化」することで，内容をより理解しやすくすることができます。

図式化で教材分析を深める

「読み物教材」が文章で表されているよさは，

- ・お話を頭の中で思い浮かべながら読むことができる
- ・登場人物の心情などを理解しやすい
- ・何度も読み返すことができる

などがあります。しかし，「文章だけ」で理解しようとすると，わかりづらさが生まれることもあるのです。

- ・だれが何をしたのかなどといった人物関係
- ・いつ，何を行ったのかといった時間的認識
- ・だれのどんな行動が影響を与えたのかという相関図

そういったことを理解できないままに授業に突入してしまうと，授業者自身も頭の中をすっきりとさせることができずに授業をしてしまうことになります。

そのような状態では，とても子どもたちの議論をファシリテートできる状態とは言えないでしょう。

そこで，教材文を図式化することが必要になってきます。例えば，上の図のようにまとめることによって，「だれがどんな影響を与えているのか」「それぞれはどんな思いをしていたのか」といったことを整理することができます。

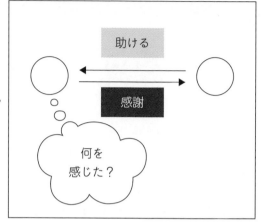

ファシリテーターである先生が教材の内容を整理できていなければ，よりよい授業づくりのスタートラインに立つことすらできないのです。

子どもたちの意見を整理するためにも，よりよい議論を生み出すためにも「図式化」を授業の準備に取り入れてみましょう。

また，「図式化」はそのまま板書づくりにもつなげることができます。

どのように図式化するのか，どんなパターンの図式があるのかは，p.98〜で詳しくお伝えします。

- ・「読み物教材」は図式化することを習慣付けよう。
- ・図式化の目的は「教材理解を整理したり深めたりするため」と知ろう。

「だって人だから……」もお忘れなく

> 「人間理解（人間の弱さ）」を
> しっかりと教材分析で扱おう！

「よりよい道徳」を目指すからこそ……

　道徳の授業づくりをすると，「○○という大切なことを考えたい」「××ということをきちんと押さえないと」という思考で教材を読むからこそ，「人間理解」をおろそかにしてしまうことがあります。

忘れてはいけない「人間理解」

　道徳の授業で「子どもたちに努力のよさについて知ってほしいなぁ」「生命の大切さをじっくりと考えてほしいなぁ」と真摯に考えるほど，陥ってしまう「ワナ」があります。

　それは，

人間理解（人間の弱さ）を扱わない

ということです。つまり

・わかっちゃいるけどできないこと
・大切なことだけれどついつい忘れてしまうこと

といった，「だって人だから……」ということを抜きにして道徳授業を実施

してしまうのです。

　そうなってしまうと，

・ただよいことだけが並んでしまう「きれいごと道徳」
・本音を言い出すことのできない「建前道徳」

となってしまいます。これでは，扱う内容項目について深く考えることは難しくなってしまいます。

　教材文を読む際には，物事の表と裏の両面を考えなくてはなりません。

〈表〉		〈裏〉
努力は大切なこと	↔	努力できないときがある
家族は大切	↔	家族に対して思ってもいないことを言ってしまう
朝寝坊はいけない	↔	本当はゆっくりと寝ていたい

　このように，扱う内容項目の表と裏を考えてみましょう。教材の中には，「人間理解（人間の弱さ）」が描かれていることがほとんどです。（教材に描かれていないときには，自分なりに考えて，本時で扱う内容項目の「人間の弱さ」を自分で設定するようにしてみましょう。）

　この「人間理解（人間の弱さ）」を扱うことによって授業がうんと深まるのです。

・道徳授業で欠かせない「人間理解」を忘れないようにしよう。
・内容項目は表と裏で考えよう。
・もし教材に描かれていない場合は，自分なりに考えてみよう。

その教材だけの「ねらい」を探し当てる

> 「ねらい」は教材研究を通して
> 「あぶり出されるもの」という感覚をもとう！

ここまでの教材研究を総動員する

「ねらい」は，ここまでの教材研究を総動員して設定します。じっくりと教材研究を重ねる中で，にじみ出てくるものと思っておきましょう。焦ってねらいの設定をしないように気を付けます。

「ねらい」のもつ重要性

「授業ではねらいが大切」「ねらいにどれだけ迫ることができたか」を授業後に話し合うことがよくあります。それほど，道徳の授業でも「ねらい」は大切なものであり，授業の肝となる部分です。

私は，道徳授業における「ねらい」を次のように考えています。

一時間の授業を一文で短く的確に表したもの

例えば，【伝統と文化の尊重，国や郷土を愛する態度】を扱う「美しい夢—ゆめぴりか—」（日本文教出版5年）という教材では，私は次のようなねらいを設定しました。

北海道で誕生したお米「ゆめぴりか」の開発から，郷土の誇りとは何かについて考え，自分たちのまちの人の思いを想像することを通して，ま

ちの人たちの思いを大切にしようとする心情を育てる。

このねらいの文を分解して考えてみると……

北海道で誕生したお米「ゆめぴりか」の開発から，郷土の誇りとは何かについて考え
　　→導入から中心発問までのねらい

自分たちのまちの人の思いを想像することを通して
　　→終末発問でのねらい

まちの人たちの思いを大切にしようとする心情を育てる
　　→授業全体のねらい

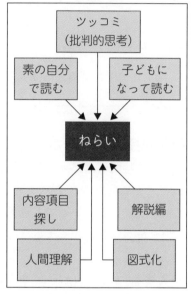

というようになっています。このように「端的に的確に授業を示す一文」こそが，「ねらい」なのです。そして，このようなねらいを生み出す方法が，図で表したここまでの教材研究なのです。

　ここまで紹介してきた教材研究を総動員して，たった数行のねらいを絞り出します。大変な作業のように思うかもしれませんが，ここまで教材研究をして初めて，その時間に対する明確なねらいが生まれるのです。

・「ねらい」はここまでの教材研究があって初めてあぶり出されるものと心得よう。
・「ねらい」は「授業を端的に示す一文」と知っておこう。

導入で全員の心に火をつける

まずは「導入の達人」を目指してみよう！

導入が授業を決める

導入の時間は，たった5分程度ですが，その後の40分に大きな影響を与えます。子どもたちがその一時間を意欲的に取り組めるかどうかは，「導入」にかかっているといっても過言ではありません。どんな教材であっても「導入の5分」をとにかく大事にしましょう。

導入を制する者は授業を制す

導入の絶対条件は次のことです。

（授業を受ける子どもたち）全員の心に火をつけること

導入では，

・教材の内容に興味関心をひきつける
・本時で扱う価値について方向付ける

ことなどが大切だといわれます。もちろん，そのことも重要ですが，それらに取り組んだとしても

> 全員の心に火がついていること

が，絶対の前提条件となります。子どもたちの心に火がつき，「この授業，がんばろう‼」というやる気をもっていなければ，教材の内容を扱っても本時で扱う価値の方向付けをしても効果はありません。

　まずは「この導入で，子どもたちの心に火がつくかどうか」を十分に吟味しましょう。

　その上で，導入部分の授業をつくっていきます。

　先に書いた通り，導入には大きく分けて２種類の方法があるといわれています。

> ○**教材への導入**
> 教材の内容に興味関心をもたせたり疑問をもたせたりする導入。教材内容の理解につなげる効果もある。
> ○**価値への導入**
> 本時で扱う価値に迫るための導入。子どもたちの経験を引き出したりアンケートを活用したりする方法も，「価値への導入」に含まれる。

　「導入を制する者は授業を制す」を肝に銘じ，導入で子どもたちの興味関心をひきつけ，効果の高い導入のスキルを持ち合わせることができるようになると，授業全般のスキルも向上していきます。

・導入の５分は，その後の40分に響くと考えよう。
・まずは導入５分だけでも魅力的な授業づくりを目指そう。５分の工夫の積み重ねが一時間の授業スキルを向上させると心得よう。

教材のタイトルを活用してみる

> 教材のタイトルを活用して,
> 効果的な導入場面を生み出そう！

導入のワザあれこれ

「導入を大切に」とはいえ，何をすればよいのでしょうか。ここからは，導入のワザのあれこれを紹介していきます。まずは，準備不要で簡単かつ効果のある方法からお伝えします。

教材のタイトルを活用してみる

最も簡単かつ効果的な導入の方法は次のことです。

> 教材のタイトルを活用する

教材のタイトルは，教材をぎゅっとまとめた短い言葉で記されていることがほとんどです。

よって，この「教材のタイトル」を使わない手はありません。

また，教材のタイトルを活用することで

> ・教材内容への興味関心を高めることができる
> ・本時で扱う価値への方向付けも同時に行えることがある

といった優れものです。

では，どのような方法があるのかを紹介します。

例えば「マインツからの便り」【国際理解，国際親善】（日本文教出版５年）では，次のような導入が考えられます。

（ドイツにあるマインツ市から）どんな便りが届いたのでしょう？

タイトルにある「便り」はとても大切なキーワードです。

このように子どもたちに聞くと，どのような反応が返ってくるでしょうか。

・ドイツの文化を知れてうれしい
・ドイツの人はみんな仲がいい
・言葉がわからずに大変
・なかなか生活に慣れることができない

この発問は，どんな意見でも受け止めることができます。よって，子どもたちは勢いよく意見を出していきます。しかし，たくさんの意見を子どもたちは出しますが，どれも教材の内容とは直結していません。それどころか「海外に行ったときに，初めて日本人として日本のことを十分に知らなかったことに気付いた」というお話の内容とは真逆のような意見が飛び出します。

だからこそ，範読でお話の内容を知った際に意外性が生まれます。

こうした仕掛けを導入で入れることで，意欲付けを行うと同時に，授業の方向付けを行うことができるのです。

・教材のタイトルに注目して発問をつくってみよう。
・発問には「なぜ？」「何？」などの「ツッコミ」を活用してみよう。
・導入の仕掛けで授業全体によりよい影響を与えよう。

教材のイラストを使ってみる

導入でイラスト（挿絵）を使いこなそう！

低学年授業を中心に活躍するイラスト

　それぞれの教材には，必ずといっていいほど「イラスト（挿絵）」が活用されています。このイラストを活用して導入をつくるという方法もとてもおすすめです。特に低学年の授業で大活躍します。

イラストをシンプルに活用する

　教材で使用されているイラストには，様々な要素が込められています。
　このイラストのよさを導入時に活かしましょう。
　基本的な活用の仕方はとても簡単です。

---

①導入で使ってみたい1枚のイラストを選ぶ（イラストはどの場面のものを用いても構いません）
②大型モニターなどに掲示できるようにしておく
③「気が付いたことは何ですか？」と子どもたちに問う

　これだけです。
　シンプルな方法ですが，授業の導入として，とても高い効果があります。
　教材内容にひきつけたり，本時で扱う価値につながる意見が子どもたちから出されたりすることもあります。

具体例を「かぼちゃのつる」【節度，節制】（日本文教出版1年）の授業で
考えてみましょう。

---

①かぼちゃのつるの最期の場面のイラストを提示する

　（かぼちゃのつるが，トラックにひかれてちぎれてしまっているところ）

②「気が付いたことは何ですか？」と問う

子どもたちからは

「かぼちゃのつるがひかれちゃって切れちゃった」

「かぼちゃさんが泣いている」

「道路までつるがはみ出している」

などの意見が出されるでしょう。そんな子どもたちの意見を受けて「どんな
お話なんだろうね？」と言って範読に入るのです。子どもたちは教材の内容
に興味関心を高めた状態で，教材と出合うことができるでしょう。

　また，もうひとつレベルを上げるとするなら，次のような発問を加えてか
ら範読に入る方法もあります。

---

③「何があったのでしょう？」と問う

「かわいそうなことをされたのかな？」「何かかぼちゃさんが悪いことをし
たのかな？」「道路にはみ出たのがいけなかったのかな？」など，お話の核
心に迫ることを予想し始めます。

　このように，シンプルにイラストを活用するだけで効果が期待できます。

・教材を読んだときに「導入で扱えそうなイラストはないか？」を探っ
　てみよう。

・イラストを大きく提示し，子どもたちの意見を引き出そう。

「〜というと？」から始めてみる

「〜というと？」で子どもたちからどんどん
意見を引き出すことから始めてみよう！

「〜というと？」を活かす

　「〜というと？」というフレーズは，道徳授業でとても活躍する問いかけです。この「〜というと？」というフレーズを導入場面でも活かしてみましょう。

どんどん意見を引き出す

　「〜というと？」という問いかけには，どのような効果があるのでしょうか。

　「〜というと？」という問いかけには

> 話をつなぐ働き

があります。

　例えば，

> 友情というと？

と，導入で子どもたちに聞いたとします。

　子どもたちからは，

- ・大切なもの
- ・なくてはならないもの
- ・お互いにつくりあげるもの
- ・ある方が楽しいもの
- ・こわれてしまうことがあるもの

などのように，どんどんと意見が広がっていきます。

　このように，意見をどんどんと広げる発問のことを

拡散的発問

といいます。「〜というと？」も，拡散的発問のひとつです。

　導入時に「〜というと？」のような拡散的発問を取り入れることで，いろいろなメリットがあります。

- ・子どもたちが簡単に答えられるので，「アイスブレイク」的な役割を果たすことができる
- ・たくさんの意見が広がるので，思いもよらない意見に出合えることがある
- ・展開場面や終末場面で，導入で出た子どもたちの意見を活用できることがある

　導入では，どんどんと子どもたちの意見を広げましょう！

- ・「〜というと？」で，どんどんと意見を引き出していこう。
- ・「拡散的発問」の効果を覚えておこう。

子どもたちの経験から引き出す

> 導入では「子どもたちの経験」から引き出すような
> 発問を意識して設定しよう！

「経験から引き出す」がキーポイント

　導入場面では、「子どもたちが答えやすい」発問を設定する必要があります。子どもたちにとって答えやすい発問にするひとつの工夫として、「子どもたちの経験から引き出す」というワザがあります。

子どもたちにとってのハードルを下げる

　子どもたちにとって、「経験」を聞かれるとどうして答えやすいのでしょうか。それは、

> 過去のことであるから

だと言えます。

　経験は過去のことであり、自分の考えや意見ではなく、まぎれもない事実です。

　考えや意見であれば「この意見で合っているのかな？」「考えてもわからない……」と、答えることに対して不安が生まれますが、事実である過去のことを聞くのであれば、そんな心配はいりません。

　よって、「過去のことから引き出す」ことは、子どもたちにとっても話しやすい発問となるのです。

例えば,「親切,思いやり」を扱った授業では,こんな発問が考えられるでしょう。

> これまで,どんな親切をしたことがありますか?

　もし,この発問で子どもたちが答えにくそうにしていれば

> どんなに小さなことでもいいですよ。

と付け加えてやるといいでしょう。
　子どもたちは,安心して「消しゴムを拾ったよ」「友だちに『だいじょうぶ?』って声をかけたよ」などといろいろな意見を出すでしょう。
　1年生など,まだ子どもたちが自分の意見をうまく言えないと思ったときには,発問を出す前に

> これまでに(どんなに小さなことでもいいので)人に親切にしたことがある人?

というように,○か×で答えられる発問を入れるようにします。(全員が挙手できる発問を設定するようにします。)
　それから,先ほど挙げたような発問につなげることで,より子どもたちは答えやすくなりますよ。

・「過去のこと」を思い浮かべて答えられる発問を設定しよう。
・「どんなに小さなことでもいいですよ」「ほんのちょっとでも○○したことでいいんだよ」と,意見のハードルを下げよう。

内容項目をあてはめた導入
「○○って何だろう？」から始める

「○○って何だろう？」で哲学的思考を引き出そう！

「～というと？」との違いは？

　p.54～で紹介した「～というと？」に似ている，「○○って何だろう？」という発問。ここでは，「～というと？」との違いを探りながら「○○って何だろう？」という発問について考えましょう。

「○○って何だろう？」で道徳授業のレベルアップ

　「～というと？」という発問と，「○○って何だろう？」という発問。

　似ている気がしますが，何だか印象は違いますね。

　いったい何がどう違うのでしょう。そして，「○○って何だろう？」の○○部分に内容項目を入れた発問の効果とは何なのでしょう。具体的な発問にして考えてみましょう。

　　・自然愛護というと？
　　・自然愛護って何だろう？

　どちらにも「自然愛護」という言葉を入れてみました。それぞれ，子どもたちはどのような意見を出すでしょうか。

　「自然愛護というと？」では，おそらく「お水をきちんとあげる」「勝手にお花を抜かない」など，どちらかというと経験に基づく意見が出されそうで

すが,「自然愛護って何だろう?」と問うと

- ・自然を大切にするということ
- ・人が生きていくために欠かせないこと
- ・自然への思いやり

などといった抽象的でやや大きい意見が出されるでしょう。

　つまり,「～というと?」という発問が「小さな問い」「簡単に答えやすい」
ということに対し,「○○って何だろう?」では,次のようなことが言えます。

- ・問いが大きくなる
- ・抽象的で哲学的な意見が生まれる
- ・じっくりと考える必要がある

　このように考えると,「○○って何だろう?」という発問は,

- ・教材がより深くじっくりと考えられるもの
- ・低学年よりも,中・高学年向き

ということが言えるでしょう。

　また,道徳科の学習に慣れ,子どもたちが考えることの楽しさや有用性を
感じている時期に有効な発問とも言えます。一歩,道徳科の授業をレベルア
ップさせたいときに,ぜひ活用してみてください。

- ・「～というと?」との比較から「○○って何だろう?」の発問の効果
  を知り,使いこなそう。

子どもたちへのアンケートを使ってみる

アンケート機能を使いこなし，
子どもたちから意見を引き出そう！

アンケート機能はどんどん使ってみる

　1人1台端末が子どもたちに配布され，以前よりも子どもたちへのアンケートをずいぶんと簡単に授業で活用することができるようになりました。子どもたちへのアンケートを導入で活かしてみましょう。

アンケートは意図をもって実施する

　子どもたちは自分たちのアンケート結果に興味津々です。

> 自分たちに関わることは興味関心が高くなる

からです。やはり，自分たちの中から生まれたものに対する思いは，強くなるのが自然なことです。1人1台端末を活用し，ぜひ積極的にアンケートを取り入れてみてください。

　しかし，アンケートは「ただ取ればいい」というだけではありません。

　以下のようなことをするだけでは，アンケートを十分に活かしているとは言えないでしょう。

> ・ただアンケート結果を出すだけ
> ・アンケート結果を先生が解説しているだけ

> ・アンケート結果を先生だけが知っている

これでは，せっかくのアンケートも活かしきれている状態とは言えません。
また，アンケートを取る内容を吟味する必要もあります。
例えば，次のような流れでアンケートを活用します。

> ① 「ルールは守った方がいいと思いますか?」という問いのアンケート
>   結果を提示する → ほぼ全員が「はい」という回答である
> ② 「廊下や階段は走っていませんか?」という問いのアンケート結果を
>   提示する →「走ってしまっていることがある」という回答が多い

以上のアンケートを子どもたちと共有してから発問を出します。

> どうして，ルールは守った方がいいと思っているのに守れないことがあ
> るのでしょう?

このように「意図をもったアンケート」を活用することで，子どもたちの
学習への意識を高めることができます。
　ただ取るだけのアンケートであれば，別の導入の方法を考えた方がいいで
しょう。アンケートを取る前に「どんな結果がほしいのか?」「何を知りた
いのか?」を明確にしてからアンケートを実施するようにしましょう。

> ・アンケートは取るだけでは効果を発揮しないということを心得ておこ
>   う。
> ・アンケートは意図をもって実施しよう。
> ・アンケートから，子どもたちの意見を引き出そう。

モノを用意してみる

「授業で使えるモノはないか」と
いつもアンテナを立てておこう！

いつの時代も「モノ」には力がある

　いつの時代も，どんな教科でも「モノ」の効果は変わりなく絶大です。それは，教科化された今の道徳科の授業でも変わりません。ぜひ，導入で「モノ」を用意してみましょう。

「モノ」から意見を引き出す

　「モノ」といっても，特別なものでなくていいのです。
　教材に登場するもので，身近に準備できるものがあれば，ぜひ用意してみましょう。

- ・ドッジボール
- ・なわとび
- ・葉っぱ
- ・ペットボトル
- ・鍵

など，教材に関連するものであれば，ぜひ授業で扱ってみてください。
　モノを提示するだけで，教室の雰囲気が変わり，子どもたちの目の色が変わることを実感することができるはずです。

また，モノがあることで，子どもたちも次々と意見を出すようにもなります。ここでは，「レジ袋」を扱った「自然愛護」の授業の導入事例を紹介します。

　導入で，1枚のレジ袋を提示します。そして

> レジ袋からどんなことを思い浮かべますか？

と発問します。

　子どもたちからは

　・有料化された

　・廃止が進んでいる

　・ごみ箱などで日常的に使っている

　・間違えて（動物が）食べてしまう

　・海などに捨てられている

などといった意見が出されます。話題は，自然と自然愛護へと向かっていき，授業のアイスブレイク的な役割を果たしつつ，しっかりと扱う価値に向かうことができました。

　私は，1枚のレジ袋を提示したのみです。それでも，モノがあれば，このように子どもたちから意見が出され，扱う価値に向かうことができるのです。

　・導入で「モノ」が使えないかどうかを考えてみよう。

　・モノを通して子どもたちからどんどんと意見を引き出していこう。

　・普段から「授業で使えるモノ」はないかアンテナを立てておこう。

心が動いたところに線を引く

> 感性を活かす道徳授業づくりを進めるために
> 「線を引く」活動を取り入れよう！

「教師 ← 子ども」となるように

　道徳の授業で何より大切なことが「子どもたちの感性を引き出すこと」です。「教師 → 子ども」だけで進んでいくのではなく，「教師 ← 子ども」となるような場面をつくり出す必要があります。

線を引く活動を通して，子どもたちの感性を表現させる

　第1章p.22～でも「子どもたちの感性を活かしながら授業を進めること」の大切さをお伝えしました。

　では，具体的にどのような手法を使って，子どもたちの感性を活かせばよいのでしょうか。

　それは，とても簡単な方法です。

　範読をするときに，子どもたちに次のように言いましょう。

> 心が動いたなと思ったところに線を引きましょう。

　「教材と出合って自分はまずどんなことを感じたのか」を大切にします。

　低学年（特に1年生）であれば，（文章が少ないこともあり）すべての文章に線を引いてしまうこともあります。

　高学年では，自分の心の動きを表現することや自信をもつことができずに，

線が引けないこともあります。

　それでも，毎時間

　　どんなところに線を引きましたか？

と投げかけることから始めてみましょう。

　続けていくうちにだんだんと，子どもたちの線を引く様子が変わってきます。

　低学年でも自分の心が動いたと説明できる箇所に線を引けるようになります。

　高学年であれば，自分の思いをきちんと表現することができるようになります。

　「自分の思いを表現することから始める」道徳授業に慣れないうちは，少し時間がかかります。

　しかし，

　「どんなところに線を引いてもいい」

　「自分の思いを表現してもいい」

と知った子どもたちは，どんどんと思いを表現するように変わっていきます。

　そして，道徳の授業で最も大切な「**セーフティ（安全・安心）な空間**」に変わってきます。

　少し時間がかかることかもしれませんが，ぜひ取り組んでみてください。

　（さらに具体的な線を引く活動については，p.70～を参照してください。）

・「子どもたちの感性を活かす」ことのできる授業スキルを導入しよう。

・線を引く活動を続けることで「セーフティな空間づくり」につなげよう。

範読はゆっくりとていねいに

> 範読のポイントを押さえ，子どもたちと
> 教材との出合いを大切にしよう！

教材との出合いとなる「範読」

　道徳の授業で欠かせないのが「教材との出合い」です。ほとんどの授業では「範読」という方法を取ることになります。ここでは，「範読」について考えてみましょう。

範読のポイントを押さえる

　まず，「範読」という言葉の意味を押さえておきましょう。
　範読とは次のような意味で使われます。

【範読】
教師が読み方の手本として生徒に読んで聞かせること。（goo辞書）

　「手本として」という言葉が辞書から出るように，子どもたちにとって聞き心地がよく，お話の世界に引き込まれるような読み方をしなければいけません。
　ここでは，範読の基本のスキルをまず押さえておきましょう。

○はっきりとした声で読む

　教室にいるすべての子どもたちに届く声で読みましょう。

○ゆったりと読む

　子どもたちは，先生の範読を聞きながら，お話の内容を聞いて心を動かしています。お話に浸れるようにゆったりと読みましょう。

○間をあける

　「間」を意識しましょう。間がないのは「間抜け」であり，間を間違えてしまうのは「間違い」ともいわれます。「間」のないまま読み進められる範読は，聞いていて心地よいものではありません。「ちょっとあけすぎかな」と思うくらいにゆったりあけましょう。

　また，行間のあいているところや大きく場面が変わるところなどで間をあけるようにしましょう。

○練習をする

　「範読に自信がないな……」という場合には，練習をしてみましょう。何度か練習をするだけで，うんと上手に読めるようになります。一度でも二度でも授業に入るまで範読を練習しておきましょう。

○自分の声を聞く

　いまやスマートフォンがあればいつでも録音をすることができるようになりました。自分の声を録音し，その声を聞くようにしてみましょう。はじめは慣れないかもしれませんが，何度か聞くうちに自分の範読の改善点や声の特徴などがわかり，範読の上達へとつなげることができます。

・範読はとにかく「ゆったり」「間をあける」ということ。焦らずに読もう。

・自分の声を聞こう。必ず上達につなげられる。

子どもたちがわからない言葉は説明する

道徳科の目的を押さえて授業に挑もう！

道徳科と国語科は何が違う？

「道徳科と国語科の授業の違いがわかりません」という質問をよく受けます。道徳科も国語科も，同じく文章を扱い，文章をもとにしながら学習を進めることから，困惑している先生も多いようです。

道徳科と国語科の違いを捉える

道徳科と国語科の違いは何なのでしょうか。

いずれも，物語の文章を扱うので，一緒に感じてしまうことも少なくありません。

しかし，道徳科と国語科は，当然ですが全く違います。

何が違うのかというと……

・道徳科はよりよい生き方を考える時間
・国語科はよりよい日本語を考える時間

と言えるでしょう。

つまり，目的が全く違うのです。

目的が違うということを押さえると，本項のタイトルにもなっている「わからない言葉」の扱いも大きく変わってきます。

> ・道徳科では，子どもたちがわからない言葉はすぐ先生が教える
> ・国語科では，子どもたちがわからない言葉は辞書などを用いて，子どもたち自身で調べる

　上記のことが原則になってきます。

　「よりよい生き方」を考える道徳科の時間では，言葉の意味がわからないときは先生に教えてもらっても全く問題ありません。目的は「よりよく生きる生き方」を考えることであり，45分をできるだけ，そのことを考える時間に充てるべきです。

　一方，国語科は，「よりよい日本語を考える」時間です。よって，わからない言葉などがあれば，辞書などを用いて自分自身で調べることが原則になってきます。辞書引きを通じて，よりよい日本語を考えていくのです。

　このように考えると，その他にも道徳科特有のお話の読み方があることに気が付きます。

> ・文章で大切なのは「自分の心がどう動いたか」ということ。
> ・お話の内容理解は，「よりよく生きる」ことを考え議論するためだけの最低限の情報でよい。すべての内容を理解しなくてもよい。

　道徳科の時間の充実のためにも，国語科との違いをしっかりと捉えておきましょう。

> ・道徳科と国語科の目的の違いを押さえておこう。
> ・道徳科では，考え議論する時間を充実させることを優先しよう。

心の様子を記号で表す

子どもたちの心の動きを
4つの記号で表してみよう！

道徳科で心の動きをどう扱うか

「プルチック（Plutchik）の感情の輪」という理論があります。その理論によると，人の感情は24に分けられるそうです。ここでは，子どもたちの感情をどのように表現させるかについて考えましょう。

子どもたちの心の動きを記号で表す

プルチックが「人の感情は24に分けられる」といったとはいえ，そのすべてを道徳授業で扱うことは難しいことでしょう。また，内容項目自体もたくさんの数があり，子どもたちがすべてを頭に入れることは難しいものがあります。

また，自分の感情を言葉にして表すことは，小学生にとっては難しいことです。

特に，1年生をはじめとした低学年では，その傾向はさらに強くなります。

そこで，私は次のようにして子どもたちが自分自身の心の動きを知ることができるように手立てを取っています。

> 自分の心の動きを記号にして表す

このようにすることで，

> 子どもたちが自分自身で自分の心の動きを把握することができる

ようにしたのです。まず，自分の心の動きを知ること。そのために，線を引き，記号化するという方法を進めてきました。

　子どもたちには，よく次の4つの記号を紹介しています。

○……「いいなぁ」と思ったところ
×……「よくない」と思ったところ
△……「いいのかよくないのかわからない」と思ったところ
◎……「よくないけどその気持ちはわかる」と共感するところ

　これらの記号をもとに，教材と自分自身を対話させ，自分がどのようなことを感じたのかを把握するのです。感情を4つにすること，さらには，記号化して簡単に表現することができるようにしていることが特徴です。

　子どもたちは，範読を聞きながら次のようなことをすることになります。

①範読を聞きながら，自分の心が動いたなと思うところを探す
②「心が動いた！」と思ったら，その箇所に線を引く
③どのように心が動いたのかを，最も近い記号を書く

　こんなことをしながら範読を聞くことで，より主体的な学びにすることができるのです。（4つの記号の扱い方は，次項以降を参考にしてください。）

・「心の動き」を4つの記号を用いて表現させることから始めてみよう。
・「自分の心の動きを自分で知る」ことをていねいに扱うようにしよう。

よいと思ったことを共有して
教材のよさを確かめる

> 「いいなぁ」を共有することから始めてみよう！

「いいなぁ」をどう活かすか

　子どもたちが線を引きやすく，つけやすい記号は「○」の「いいなぁ」だと思ったことでしょう。では，子どもたちが「いいなぁ」と感じたことを，授業でどのようにして活かしていけばいいのでしょうか。

「いいなぁ」の交流で教材のよさを確かめる

　子どもたちが「いいなぁ」と感じるところが見つけやすいのは，当然といえば当然のことです。

> 基本的に道徳の教科書にはいいお話が載っている

ですので，自然に「線を引いた後には『○』をつける」ことが多くなってきます。

　子どもたちが「いいなぁ」と感じたことを，どんどん発表していきます。

> ・くりをきつねさんにあげているのがいいと思いました。
> ・一人しか通ることのできない橋を渡らせてあげたのがいいと思いました。
> ・最後の最後まであきらめないのがいいと思いました。

・相手のことを考えて，本当のことを言わないのがいいと思いました。

こうして，「いいなぁ」を共有していきます。
すると，

> 子どもたちと教材のよさを確かめ合うことができる

のです。
　それは，そのまま中心発問に向けての議論へとつなげることができます。
　どんどんと，道徳授業内で「いいなぁ」を共有していきましょう。

　さらには，次のように聞くことで，より子どもたちの意見を引き出し，多面的・多角的に対話することができます。

> どうして「いいなぁ」と思ったのですか？

　このように，記号をつけた理由を尋ねるのです。
　子どもによって，線を引く箇所が変わることで，多様な意見を引き出すことができますが，理由を聞くことで，さらに様々な意見を聞くことができます。
　同じ箇所でも「いいなぁ」と感じた理由は違うことがあるからです。
　こうして，子どもたちの意見で道徳授業をつくっていきましょう。
　こんなことを繰り返すことで，子どもたちはどんどんと自分のことを語るように変わっていきます。

・「いいなぁ」と思うことを共有することで，「教材のよさ」を子どもたちと確かめ合おう。
・「いいなぁ」と感じた理由を交流して多様な意見を引き出そう。

よくないと思ったことを共有して
人間の弱さに触れる

> 「よくない」と感じる子どもの感性をしっかりと
> 受け止め，本物の道徳授業を目指そう！

「よくない」をどのように扱うか

　前項の「いいなぁ」と思うことの次に子どもたちからよく出る意見は，「よくない」という意見です。この「よくない」と感じた子どもたちの感性をどのようにして授業で扱っていけばよいのでしょうか。

「よくない」という意見が出やすい２つの理由

　子どもたちは，「よくない」という意見も「いいなぁ」と同じくらいもつことが多くあります。

　それは，どうしてでしょうか。

　ここでは，２つの理由を取り上げてみましょう。

　まず，１つ目の理由は次です。

人はネガティブな情報を見つけやすい

　これは，脳の仕組み上，そのようになっているともいわれます。人間にとって最優先は「危険を回避し生き延びること」です。そのため，「危険だと感じる」，つまり「ネガティブなこと」は，いち早く察知するといわれています。

　さらには，次のようなことも理由として挙げられます。

これは，道徳の教材の性質上のものです。

・道徳の教材には，解決するべき「課題」が含まれていることがある
・道徳の教材には，その教材で扱う価値と対極のものが含まれていることがある（努力は大切だけれどできないことがあるなど）

実は，子どもたちのもつ「よくない」という感性はとても大切です。もし，道徳授業が「いいなぁ」だけで終わってしまうと，どのようなことになるでしょうか。

・本音を言うことができない「建前道徳」になってしまう
・よいことしか言わない「きれいごと道徳」になってしまう

このような道徳授業では，子どもたちは真に本時で扱う道徳的価値と向き合ったとは言えません。「早起きをするために夜更かしがダメなのにしてしまう理由」「素直に謝らなければいけないのに素直になれない理由」，そうしたことを踏まえた上でなければ，本当に話したいことは話せないのです。

「どうすれば節度をもって早起きできるか」「素直になれないときには，どうしたらいいのか」といった深い議論をするためには，「よくない」を共有し，人間の弱さの部分，人間理解の部分をしっかりと扱う必要があります。

それが，本物の道徳授業へのアプローチとなるのです。

・「よくない」と感じる部分をしっかりと扱うようにしよう。「×」をつけている子どもたちの意見にしっかりと耳を傾けよう。
・「よくない」と感じた意見から，人間の弱さに迫ろう。

「わからない」を出し合って
みんなの問いへとつなげる

「わからない」を通して，
道徳授業のレベルを上げよう！

「わからない」が出る授業とは

「わからない」を見つけることは，「いいなぁ」を見つけたり「よくない」を見つけたりすることに比べてハードルが高いことでもあります。しかし，「わからない」が授業で飛び出すと，うんとおもしろくなります。

「問い」が生まれる授業を目指そう

「わからないこと」を見つけるということは，どういうことなのでしょうか。
実は，「わからない」を見つけるということは

「問い」を見つけるということ

なのです。

社会科授業名人，有田和正先生は次のようにいいました。

「はてな」を見つけられるのも学力だ

脳の性質上，「脳は問いを避けられない」といわれています。
先に述べた通り，「朝ごはんは何を食べた？」と問いをもてば朝ごはんのことを思い出しますし，「今，一番はまっていることは？」と問いをもてば，

その答えを探そうとします。

> 「問いをもつ」ことは，「答えをもつ」ということ

とも言えるのです。（もちろん，答えがわからなければ話し合ったり調べたりするきっかけになります。）

　また，子どもたちが「わからない」を出し合えるようになるということは，

> 子どもたちから問いが生まれる授業ができるようになる

ということであり，大きな可能性をもつことになるのです。
　よって，もし，「わからない」を出した子どもがいれば，しっかりとほめて価値付けをすることはもちろん，

> ・みんなの学習につながるね。
> ・問いをもてることは，自分たちで学習ができるということだよ。

などのように，具体的にその学習効果を子どもたちと共有しておきましょう。
きっと，子どもたちは「『わからない』を探すぞ！」と気合を入れるはずです。
　問いが生まれる授業とそうでない授業には，大きな差があります。
　ぜひ，子どもたちから生まれる「わからない」を大切にしてください。

〈参考文献〉有田和正『心に刻む日めくり言葉　子どもを育てるための有田和正追究』(2011)
　　　　　さくら社

> ・「わからない」をもてることも「学力」であると捉えよう。
> ・「わからない」をもつことの学習効果を子どもたちとも共有しておこ
> 　う。そして，「わからない」を出し合うことを大切にしよう。

共感するところを出し合い
「なぜ？」を生み出す

> 「共感」を引き出すよさを知り，
> 本音を語る道徳授業へと変えていこう！

「共感」と「よくない」の違いは？

　「共感するところ」を，どうして子どもたちに記号としてつけさせるのでしょうか。「よくない」との違いは何なのでしょうか。ここでは，「共感するところ」について考えていきましょう。

「共感」の共有は，一歩深い道徳授業の始まり

　「共感するところは◎をつける」と，p.71でもお伝えしました。

　どうして，「共感するところ」を子どもたちと扱う必要があるのでしょうか。改めて確認しますが，

> 共感するところとは，「よくない」とはわかっているけれど「その気持ちはわかるなぁ」「やってしまうことあるよなぁ」というところ

です。

　例えば，どういったところかというと……

> ・夜遅くまでスマホを触ってしまうことは「よくない」とはわかっているけれど，ついついやってしまうことがあるから共感する。
> ・「ありがとう」と言わなければいけないときに，言わなければいけない

> とわかっていながら，言葉が出ないことがあるから共感する。
> ・夏休みの宿題など，計画的にコツコツとやらないといけないのはわかっているけれど，ついついだらけてしまって，学校が始まる直前にあわててやってしまうことがあるから共感する。

　このような感じです。

　もし「よくない（×）」しかなければ，子どもたちは「○○はよくない」「□□はよくない」と，批判的に見ることしかできず，「人間理解」「人間の弱さ」を扱わないままに教材を読んでしまいます。

　このような読みを道徳科で行ってしまうと「いけない」という表面的な読みだけになってしまい，「どうしてそのようにしてしまうのか」「そのようなことはいけないことはわかっているけれど，本当にしないためにはどうすればいいのか」といった，一歩深い部分まで考えが到達しなくなってしまうのです。

　よって，「共感する（◎）」といった子どもたちの意見をていねいに扱っていきましょう。「○○はいけないことだけれどわかる」といった意見が出たときには，耳を傾けるようにしましょう。

　一人の子が共感したところを語れば，「ぼくもわかる」「わたしもわかる」と，同じように思っていた子どもたちが本音を語り始めてくれます。

　そんなことを通して，本音を語れる道徳授業が始まるのです。

・「いけない」という視点だけでなく「共感」という視点を混ぜ合わせて考えさせてみよう。一歩深い議論の始まりになる。
・「共感」を通して，子どもたちの本音をさらに引き出そう。

話し合うことの大切さを考える

話し合いのよさを改めて考えてみよう！

もし，話し合いのない道徳授業をしたら？

　道徳の授業において「話し合う」ことはとても大切なことです。ここでは，あえて「もし話し合いが全くなかったら？」と考えることを通して，改めて話し合い活動の大切さを押さえましょう。

話し合いのよさを改めて考える

　話し合い活動が全くない道徳授業では，どのようなことが起こるのでしょうか。

　まずは，次のことに困るでしょう。

（だれも声を発しないので）話し合って「考える」という雰囲気が生まれない

「考える」ためには，人と人との関わりが絶対に欠かせません。

　もちろん，一人で考えるという時間も大切にはなりますが，それは「みんなと話し合い考え合う」という前提があるからこそ。その場がないのに，ずっと一人で考えていても，考えようという雰囲気にはならないでしょう。

　人は「空気」によって左右されるもの。

　話し合うという活動が

> 考えようという空気をつくっている

ということは，大切な視点になります。

　さらに，話し合いなく一人で考えを続けようとしても，

> 考えは深めたり広めたりすることはできない

でしょう。

　人は，他者の考えに触れて初めて，考えが広まったり深まったりするもの。自分の考えと比較するものがなければ，新たな考えは生まれないものです。

　そのように考えると，

> 「考えを深める」ためには，他者の意見を知る

ことが重要であるということも見えてきます。だからこそ，学習指導要領には「多面的・多角的」というキーワードが入っていることが見えてくるでしょう。話し合い活動が大切な道徳授業だからこそ，話し合いのよさを一旦立ち止まって考えてみてほしいと思います。

・話し合うことで，「考えよう」という雰囲気が生まれることを知ろう。
・他者がいるからこそ，自分の考えが深まったり広まったりすることを知ろう。

ペアトーク：バリエーションと確認法

ペアトークの種類と確認の方法を知ろう！

道徳授業で欠かせないペアトーク

授業でよく使うのが「ペアトーク」です。「ペアトークを制する者は道徳授業を制す」ともいってもいいかもしれません。それほど，ペアで話をする仕掛けを生むことは大切なことです。

ペアトークの様々なバリエーション

ペアトークとは何なのでしょうか。

授業におけるペアトークとは，

> 二人を基本として，課題など何らかのことを話し合うこと

と言えます。

では，ペアトークには，どのような方法があるのでしょう。

最も基本的な方法は，

> 席が隣同士のメンバーで話し合う

ことです。

これを応用して，

> ・席が前後のメンバーとペアトークする
> ・席が斜めのメンバーとペアトークする

などの方法が考えられます。

　このようなバリエーションを入れると，ペアトークにも「飽き」をなくすことができ，おすすめの方法です。

　ただ，ペアトークは一斉に活動が始まるので，「きちんと話し合ったかどうか」を確かめるようにしなければ，ペアトークを指示しても実施しないペアが生まれることがあります。それをそのままにしてしまえば，授業に緊張感を欠くなどの理由で，よい学習にはなりません。

　よって，

> ペアトークをしたのかどうかを確認する

ことが大切です。

　例えば，次のような方法で，ペアトークを確認することができます。

> ・ペアトークが終わったペアから，座ったまま二人で挙手をする
> ・全員起立してペアトークを行い，終えたペアから着席する
> ・ペアトークが終わった後に，先生が「話し合えた人？」などと確認を取る

> ・道徳授業をよりよくするために，ペアトークを駆使できるようになろう。
> ・ペアトークの様々な方法や確認の方法を知っておこう。方法と確認をセットにすることで，よりよい効果が生み出せることを知ろう。

ペアトークの効果を知る

ペアトークの効果を知り，ペアトークを使いこなそう！

ペアトークの効果を知ろう

　道徳授業で頻繁に行うペアトークですが，その効果を知らない間に，やみくもに繰り返してもいけません。ここでは，ペアトークにどのような効果があるのかを確かめましょう。

ペアトークの4つの効果

　ペアトークには，どのような効果があるのでしょうか。

　まず，ペアトークには，次の効果があります。

> 効果①　授業の雰囲気を高める

　ペアで話をしている時間は，クラスのほぼ全員が何らかの声を出しています。つまり，学級が，子どもたちの声であふれる時間となるのです。

　シーンとしている状況では，「自分から話をして意見を言おう」という気にはなれませんが，みんながわいわいとしている中であれば，「自分も言おうかな」という気になりやすいものです。

　「ペアトークは空気をつくる」と覚えておきましょう。

さらには，

> **効果②　授業にリズムとテンポを生み出す**

ことができます。ペアトークを入れると「先生の時間⇄子どもの時間」のキャッチボールが多くなります。このキャッチボールが多くなると，リズムとテンポが生まれ，授業の雰囲気がさらに高まっていきます。

　また，子どもたちも，ペアトークの時間は声を出したり相手の話を聞いたりして，自分の体を動かすことができます。

> **効果③　授業に動きを入れると，子どもたちの集中力が増す**

　そんな効果もペアトークにはあるのです。「小刻みな対話活動」を，ぜひ道徳授業にたくさん入れるようにしてみてください。

　そして，最後にもうひとつ，ペアトークには大きな効果があります。

　それは，次のような効果です。

> **効果④　オートクライン**

　オートクラインとは，「**話をしている最中に，新たな気付きを得たり自分の考えが整理されたりすること**」をいいます。つまり，話をする中で，考えが広まったり深まったりすることがあるのです。

　ぜひ，これらの効果を頭に入れ，授業で効果的に活用してください。

・ペアトークの効果は「雰囲気を高める」「リズムとテンポを生む」「集中力が増す」「新たな気付きを得ることができる」と知っておこう。

・ペアトークの効果を知り，ペアトークを使いこなせるようになろう。

グループトークを活用する

> グループトークのよさを知り，使いこなそう！

ペアトークとの違いを知る

　ペアトークの次に道徳授業で活用するのが「グループトーク」です。グループトークとは，ある課題について3～5人程度で話し合いを行うことをいいます。ペアトークとグループトークをうまく使い分けることができると，道徳授業はさらによりよいものへと変わっていきます。

グループトークのよさを活用する

　ペアトークとグループトークは，それぞれどのようにして使い分けるといいのでしょうか。

　先に，ペアトークを活用する場面を考えてみましょう。

・授業の導入で，集中力を高めるために活用する（アイスブレイク的な活用）

・子どもたちの意見に対して「どういうこと？」などと切り返したときに，ペアトークを差し込むことで，全員に考える機会を保障する

・自分の意見をペアトークで発表することで，全体での発表に対する準備をする

　他にも，活用場面はありますが，グループトークに比べると，「時間は短い」

「小さな発問の場面に活用する」ということが言えます。

　では，グループトークの場合はどうなるでしょうか。
　グループトークは，次のような場面で活用することが多くあります。

・お話を読んだ後に「どのように感じたのか」を交流する場面
・授業の中心発問前後で，意見を交流する場面

などです。つまり，

より多面的・多角的な意見を交流する（グループの中で意見交流をした
際に，意見に「ズレ」が生まれる）場面

で活用するということが言えるでしょう。
　話し合いの中で「ズレ」が生まれると，「どういうこと？」「どう考えたの？」
と，疑問が浮かび，子どもたち同士の対話が自然に発生します。
　このような話し合いを行うので，次のようなことも言えるでしょう。

・ペアトークに比べて話し合いの時間を長く取る
・ペアトークの際にする発問よりも，大きなことを聞く発問を提示する

　ペアトークとグループトークの違いを知り，グループトークを授業でうま
く活用できるようにしていきましょう。

・グループトークでは，（ペアトークよりも）「少し長い時間をかける」「大
　きな問いを考える」と覚えておこう。
・多面的・多角的な意見を知る場面で活躍することも押さえておこう。

グループトークの効果を知る

> グループトークの効果を知り，意図的に授業で
> 活かせるようになろう！

グループトークの効果を知ろう

　道徳の授業で行うグループトーク。その効果にはどのようなものがあるのでしょうか。ここでは，効果を知ってグループトークを取り入れることができるようになりましょう。

グループトークの効果である「グループ・ダイナミクス」

　グループトークの一番の効果は次のことだと言えるでしょう。

グループ・ダイナミクスを生み出す

　グループ・ダイナミクスとは，次のように説明されています。

> 心理学者のクルト・レヴィンによって研究された集団力学のことで，集団において，人の行動や思考は，集団から影響を受け，また，集団に対しても影響を与えるというような集団特性のことを指す。（リクルートマネジメントソリューションズ「人材育成・研修・マネジメント用語集」より）

　これはつまり，次のようなことが言えます。

> 自分は集団から何らかの影響を受け，刺激を受けている。
> また，自分が属することで，集団に刺激を与えている。

　つまりは，人が集まることで「与えられる」「与える」という双方の要素があるということです。

　一人で考えているときや，ペアで話をしているだけでは思い浮かばないようなアイデアが，グループで話をしていると飛び出したりするのは，この「グループ・ダイナミクス」の効果であると言えるでしょう。

　ただし，道徳授業でグループトークを取り入れるときに気を付けることがあります。

　それは，

> 最終的には「個」の考えをもつ

ということです。

　道徳科は，個人の考えを深めたり広げたりする学習です。つまり，個人の多様性が認められる教科なのです。よって，グループや学級でひとつの答えを出す必要はありません。いくら，グループで話し合ったとはいえ，最終的には「個人がどのようにして考えるか」を大切にすることを忘れないようにしておきましょう。

・グループトークには「グループ・ダイナミクス」という効果が発揮されることを知っておこう。
・グループで話をしても答えをまとめる必要はないことを押さえておこう。

フリートークで教室を自由に歩き回る

フリートークを使いこなして，
授業をダイナミックに変えていこう！

フリートークで道徳授業をダイナミックに

　道徳授業の中で，どれくらい「動き」を出していますか。授業の中で１回でも２回でも「動き」を取り入れることで，道徳授業をダイナミックにすることができます。

フリートークで授業に動きを入れる

　まずは，フリートークという言葉の意味を確認しておきましょう。
　私は，「フリートーク」を次のように定義付けています。

> 教室内を自由に歩き回り，できるだけたくさんの人と意見交換や話し合いを行うこと

　つまり，フリートークを取り入れたときには，教室内を自由に歩き回って，子どもたちは意見交換をするのです。

> 今から３分間，フリートークをします。時間内にできるだけたくさんの人と意見を交換しに行きましょう。

　こんな風に言うと，子どもたちは席を立ち，あちこちに向かって意見を交

換しに行きます。

　教室内は，子どもたちの声と動きで一気に雰囲気が高まります。

　「一緒にやろう！」

という声があちこちから聞かれ，子どもたちはどんどんと意欲的に話をしに

行きます。

　こうして，

授業に動きを入れる

という場面をつくるだけで，子どもたちはものすごくやる気になりますし，

その後の話し合い活動も集中して行うことができるようになります。

　さらに，次のような条件を取り入れることで，様々な効果が期待できます。

・男子○人，女子○人と意見交換しましょう。（多様な人との意見交流）

・自分の班ではない人と意見を交換しに行きましょう。（移動距離が必

　然的に延びる）

・意見交換が終わったらサインをもらいましょう。

・相手の意見を聞いたら，必ずひとつ質問を入れてみましょう。

　そんな条件を入れることで，よりフリートークの活動内容を高めることが

できます。ぜひ，やってみてください。

・フリートークなどを活用して，授業に「動き」を取り入れよう。授業

　に動きを入れることで子どもたちを集中させることができる。

・フリートークに条件を入れて実施してみよう。

思考ツールで話し合いを深める

> 綱引きチャートで，子どもたちから
> 多様な意見を引き出してみよう！

思考ツールで話し合いを活性化させる

　思考ツールは，道徳授業での話し合い活動を盛り上げてくれる便利ツールです。ここでは，私が日常的に使っている思考ツールを取り上げて紹介します。ぜひ，使ってみてください。

綱引きチャートを使いこなそう

　まず，私がよく使っている思考ツールは

綱引きチャート

です。これを活用するときには，下のような線を黒板に書きます。

　そして，「必要？」「必要ない？」と聞いたり，「共感できる？」「共感できない？」と聞いたりして，選択肢を2つに絞って，子どもたちにいずれかの立場を取らせるようにしています。

　立場を取らせるときには，ネームカードが便利です。

　自分の取りたい立場を黒板に貼りに行きます。

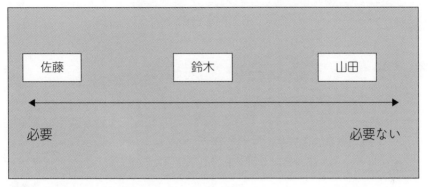

黒板に記すと，上の図のようになります。

そして「佐藤さんがここに貼ったのはどうしてですか？」と理由を尋ねながら，意見を引き出していきます。さらには「鈴木さんはちょうど真ん中あたりだけれど，どうして迷っているの？」のように迷っている意見を引き出すこともできますし，「山田さんは『必要ない』という立場までもう一歩届いていないけど，届いていない分の考えについて教えてくれる？」と，「半端な分」に焦点を当てて意見を引き出す方法もあります。

さらに，右のようにして線をひとつ足すことで，より多様な意見を引き出すことができます。

このように，線を1本増やすことで，立場を4つつくることができます。ぜひ，こちらも使ってみてください。

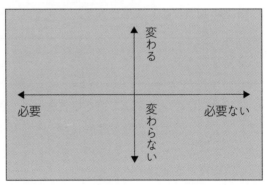

・多様な意見を引き出すきっかけになる「綱引きチャート」を日常的に活用してみよう。
・軸をひとつ増やすことで，より多面的な意見を引き出すことができる。

モノを使って話し合いを深める

ネームカードなど，モノを活用することで
話し合いを深めよう！

モノの活用で授業を活性化

「モノ」の活用は，p.62〜の〈導入〉でもお伝えしましたが，大きな効果があります。ぜひ，話し合い場面でも「モノ」を登場させ，道徳授業を活性化させていきましょう。

ネームカードの使い方

道徳授業で，最も簡単で効果を発揮するのは次の「モノ」でしょう。

> ネームカード

表面が白色のマグネット板を子どもたちに配布し，そこに名前を書くだけです。ずいぶんと前から道徳科に限らず活用されているネームカードというものですが，その効果

> 鈴木

は今の時代も色あせていません。

では，道徳科ではどのような活用の仕方があるのでしょうか。

まずは

> 自分の立場を取らせる

というものです。

　こちらは，前項で紹介した綱引きチャートでも活用できますし，それ以外の場面（登場人物のＡとＢ，どちらの立場を取るかなど）でも活用が可能です。

　だれがどの立場で考えているのかを黒板上などで確認できることはやはり魅力です。

　さらには，次のようにも活用できるでしょう。

意見の近くに貼っておく

　意見を言ったときに，同時に先生がネームカードを取り出して，意見を書いた板書の近くに貼っておきます。

　こうすることで，授業が終了してから「だれがどの意見を言ったのか」を可視化してみることが可能となります。

　ネームカードを選ぶのに，少々手間取り時間がかかってしまうのがデメリットではありますが，子どもたちの意見を認めることにもつながったり，黒板の写真を評価に活用することもできるようになります。

　ネームカード以外では「サインボード」などもおすすめです。

　サインボードとは，３つほどの立場から自分はどの意見に最も近いのかを表明するのに使う道具です。紙コップなどを「赤」「青」「黄」などに色分けし，子どもたちに１セットずつ持たせます。「謝る」「謝らない」「謝れない」など３つの立場から話し合いをしながら，いつでも自分の考えを変えることができるのが特徴です。

・今の時代でもその効果を発揮してくれる優れもの，「ネームカード」
　をフル活用してみよう。

板書の目的について考えてみる

> まずは，板書の目的をつかもう！

板書の効果を探る

　ここでは，当たり前のように実施している板書について，立ち止まって考えてみましょう。なぜ板書するのか，板書にはどんな効果があるのかを探ってみます。

板書の目的は思考を刺激すること

　「今日の道徳の授業では，板書をしなかった」ということは，ほとんどないでしょう。ほぼすべての道徳授業で，子どもたちの意見や教材の内容を黒板に整理して記しているのではないかと思います。

　では，なぜ道徳の授業で「板書」が必要なのでしょうか。

　私は，板書の目的を次のように設定しています。

子どもたちの思考を刺激し，考えを深めたり広げたりするため

　つまり「子どもたちの思考を刺激しないようなことは，イチイチ書かない」とも言えるでしょう。

　また，道徳科の授業特有の板書の役割があるとも思っています。

　道徳科の授業では，「子どもたちの対話・議論」をメインに学習が進んでいきます。

いわゆる「空中戦」と呼ばれる，言葉でのやり取りがメインとなってくるのです。

「努力とは，人に見られなくともコツコツと続けられるかどうか」

「『あきらめない優しさ』というのがあると思う」

など，そのとき，その瞬間に，その子たちだからこそ生み出せた言葉があります。

しかし，そうした言葉も，「声」という音だけになってしまっていては，せっかくよい言葉を子どもが発しても，きちんとした記録なしには消えていってしまいます。

だからこそ，きちんと黒板に残していく必要があるのです。

また，黒板に子どもたちの言葉を残していくことで

意見と意見をつなぐことができる

ことも大きな強みです。

導入で生まれた言葉を中心発問場面や終末発問場面でつないで思考することは多くあります。このときにも，板書されていなければつなげることはできません。

しかし，子どもたちの話す言葉をすべて書き記すわけにはいきません。また，「どこに書くか」などの情報の位置関係を何も考えずにただ書いていくわけにもいきません。

次項からは，「板書のコツ」について迫っていきます。

・「思考を刺激し，考えを深めたり広めたりする」ことこそ，板書の役割であることを認識しておこう。

・「意見をつなぐ」ことができるのも大きな強みであると知っておこう。

板書は教材の図式化から

> 板書のラフ案は教材を図式化することから始めよう！

板書のラフ案は「教材の図式化」から

　「板書はどのようにして考えればいいのでしょうか？」とよく相談を受けることがあります。私は「教材を図式化することから始めてみましょう」と伝えています。

「人物相関図」で整理する

　教材を図式化するとはどういうことでしょうか。それは

　主人公を中心として，囲みと矢印とキーワードで埋める

ということです。
　よく，ドラマのHPなどで見かける

　人物相関図

が，イメージぴったりじゃないかなぁと思います。

　・主人公はどんな人物か？
　・主人公の周りにはどんな人がいるのか？

- ・その人物はどんな人物なのか？
- ・主人公にどんな影響を与えたのか？
- ・主人公や周りの人はどんな思いを抱えているのか？

そんな「主人公と周りの人」を図にして整理していくのです。

また，

出来事

を整理することも大切です。

- ・その出来事の内容はどんなものか？
- ・その出来事はなぜ起こったのか？
- ・その出来事はいつ起こったのか？
- ・主人公や周りの人にどんな影響を与えたのか？

その解像度をできるだけ鮮明にしていくのです。

すると，教材を立体的に捉えることができるようになっていきます。そして，先生にも子どもにも教材理解の手がかりとなるのです。

（図式化の具体例はp.112～の板書パターンを参考にしてください。）

- ・「教材の図式化」とは「人物相関図」を描くことと捉えよう。

タイトルを真ん中に書いてみる

構造的な板書を書くためには，
教材を部分ごとにバラして考えよう！

構造的な板書を書くために

「道徳授業では構造的な板書を」とよくいわれます。しかし「構造的な板書」という言葉にひるんでしまい，一歩踏み出すにはハードルを高く感じる方が多いようです。

「構造的な板書」の第一歩

まず，そもそも「構造的な板書」とは何かということから押さえましょう。「構造」を辞書で調べると次のように説明されています。

【構造】
一つのものを作り上げている部分部分の材料の組み合わせ方。また，そのようにして組み合わせてできたもの。仕組み。(goo辞書)

つまり，教材に書かれている情報を，できるだけ「部分」として捉えるようにし，それぞれを組み合わせてできていると捉えるのです。

教材を車として例えると，

全体……車
部分……タイヤ・ボディ・エンジン・運転席など

というイメージです。

　まず，私たちが教材と出合うときは「全体」の状態で出合うので，それを部分ごとにバラすことから始めるのです。

　そうすると，構造的な板書のイメージが見えてきます。

　構造的な板書とは何かを説明すると，

教材を部分ごとに分けた後に，組み合わせて板書するもの

と言うことができます。

　とはいえ，実際にはどう書けばいいのか，悩む方もいると思います。具体例はp.112～で紹介しますが，構造的な板書につなげる第一歩として次の方法があります。これは，金沢工業大学の白木みどり先生にご指導いただいた方法です。

黒板の真ん中に（教材の）タイトルを書く

　こうすることで，教材を部分ごとに分けて板書することができるようになります。「同一方向からのみ」で「いつも決まりきった形」など，動きが生まれない……といった悩みから一気に脱却できます。

　板書に動きを入れることができますので，ぜひ試してみてください。

・「構造的板書」は，教材を部分ごとに分けることから始まるのだと心得ておこう。

・まずは，教材のタイトルを黒板の真ん中に書いてみよう。

板書は「矢印・囲み・キーワード」で
つくられる

> 構造的な板書をつくる3要素
> 「矢印」「囲み」「キーワード」について知ろう！

構造的な板書はどうつくる？

　よく見かける道徳授業後の構造的な板書。矢印がダイナミックに書かれていて，動きのある板書を目の前にすると「このような板書はどうつくるのだろう……」と途方に暮れてしまいそうになります。

「矢印」「囲み」の性質を知る

　構造的な板書を真似する際には，先ほど紹介した「人物相関図」を作成するときに「何を使っているか？」を考えてみましょう。

　実は，構造的な板書は，次の3つの要素からつくられているのです。

・矢印

・囲み

・キーワード

　もちろん，ここに「イラスト」「登場人物の顔」なども入ることがありますが，基本の要素はこの3つであると押さえておきましょう。

　図を用いて説明することを「図解」といいます。図解をすると，物事を整理したり深化させたりすることができますが，その図解では，次のことが基本であるともいわれます。

図解において，
　　矢印は矛の役割を果たしている
　　囲みは盾の役割を果たしている

つまり，

・矢印は思考を動かす
・囲みは思考を固める

ということです。
　このことを知っておくと，

・矢印をどう使えばいいのか？
・囲みはどう使えばいいのか？

このようなことを自分で判断できるようになっていくのです。
なお，キーワードについてはp.108〜で詳しく紹介します。

・矢印や囲みの性質を知ることで，それらを使いこなせるようになる。
　まずは，性質を知ろう。

矢印の種類と使い方のコツ

矢印を使いこなして，黒板に動きを出そう！

矢印があると黒板に動きが出る

　ここでは，構造的な板書をつくる3要素のひとつである「矢印」について見ていきましょう。矢印をうまく使いこなすことで，動きのある板書づくりにつなげることができるようになります。

矢印の種類と効果を知る

　まずは，どのような矢印の種類があるのか，また，どのような効果があるのかを見ていきましょう。

成長型	抽象化型
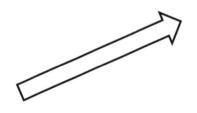	
左から右上に向かって書くことで，登場人物の成長や変容を表すことができる。	矢印を上に向けることで，意見などを抽象化することができる。

具体化型 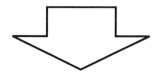 矢印を下に向けることで，意見などを具体化することができる。	スパイラル型 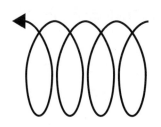 悩みや紆余曲折があったことを表すことができる。
対立型 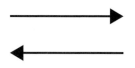 矢印を行き来させることで，人物や考え，出来事などが対立していることを表すことができる。	二項対立型  左右に向かってそれぞれ矢印を書くことで，「A」か「B」か，「○」か「×」かなど，二項対立を表すことができる。

・矢印の種類を知っていることで，黒板で様々な表現をすることができるようになる。授業や教材に合った矢印を見つけよう。

・これ以外の矢印も見つけてみよう。

囲みの種類と使い方のコツ

囲みを使いこなして，思考の整理を表そう！

囲みがあると黒板が整理される

　ここでは，構造的な板書をつくる3要素のひとつである「囲み」について見ていきましょう。囲みをうまく使いこなすことで，指導したことを整理して板書に表すことができるようになります。

囲みの種類と効果を知る

　まずは，どのような囲みの種類があるのか，また，どのような効果があるのかを見ていきましょう。

四角型	ふわふわ型
角をきちんと書くことによって，きちんとした情報というイメージを与える。事実などを書くのに向いている。	「ふわふわ」したように表すことで，やわらかい印象を与えることができる。子どもたちの意見をまとめるときにおすすめ。

吹き出し型

登場人物や子どもたちの思い
を書き出すときに有効。もち
ろん，セリフにも◎。

丸型

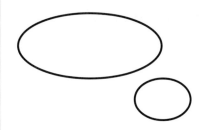

情報や意見をまとめるときに
便利。

爆発型

強調したい登場人物の思いや
出来事などを表すときに便利。

スター・ハート型

子どもたちや登場人物の思い
でキラキラしたことやあたた
かいことを表現したいときに
便利。

- 囲みの種類を知っていることで，子どもたちの意見や教材からの情報
  を視覚的にまとめることができるようになる。
- これ以外の囲みも探してみよう。

言葉はキーワードにして記す

キーワード化で授業のリズムとテンポを保とう！

道徳授業だからこそ「キーワード化」

　道徳授業では，本当にたくさんの子どもたちの意見を聞きながら，授業を進めていくこととなります。その他の教科に比べると，子どもたちが意見を話す時間がとりわけ長いのが特徴です。だからこそ「キーワード化」です。

板書にキーワード化が必要なわけ

　子どもたちは，本当にたくさんのことを語ってくれます。

　そのときに，絶対にやってはいけないことがあります。それは，

子どもたちの意見をそのまますべて黒板に書こうとする

ことです。これをやってしまうと，次のようなことを生んでしまうのです。

・板書に時間がかかりすぎてしまい，話し合いにリズムとテンポが生まれない
・黒板に書く文字が多くなりすぎてしまい，何が書かれているのか全くわからなくなってしまう
・文が長くなると「部分」として捉えることができないので，その他の意見とつなげたり比較したりすることができなくなってしまう

つまり，子どもたちの意見を大切に扱おうとしてすべてを書こうとすることが，かえって子どもたちの意見を活かせなくしてしまっているのです。

　そこで，大切なのが

キーワード化

です。子どもたちの意見は，キーワードにして板書していかなければいけません。

　とはいえ，「どうやってキーワードを選ぶの？」と疑問をもつ方もいることでしょう。ひとつ例を挙げてみます。

　例えば，次のような意見が出た際，どのようにキーワードにすればよいでしょうか。

　「自分が大変なときこそ，相手の立場を考えることが大切だと思いました」

　これは，次のようにキーワードで記すことができます。

自分が大変　→　相手の立場

　このようにして，記号などを用いてできるだけ短く表現することが大切です。他にも「↔」「○」「△」「×」「↗」「↘」「＋」「−」「＜」「＞」「＝」「≠」などの記号が使えます。ぜひ，試してみてください。

・板書に時間をかけると，かえって子どもたちの意見を活かすことができないと心得よう。

・キーワード化には「記号」が有効であることを知っておこう。

思考ツールを黒板に登場させる

> 黒板に思考ツールを登場させ，
> 子どもたちの思考を刺激しよう！

思考ツールは子どもたちに刺激を促す有力なツール

　ここでは，構造的な板書の効果をさらに高める思考ツールについて取り上げます。授業（教材）と思考ツールがマッチすることで，子どもたちの思考をさらに刺激することができます。

思考ツールの種類と効果を知る

　道徳科の授業で活用できる思考ツールとその効果を，ここでは見てみましょう。

イメージマップ	ピラミッドチャート
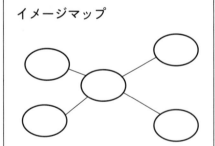	
あるテーマについて，子どもたちの意見をどんどんと拡散させることができる。	意見①を聞いた後に「どうして？」などと切り込み，意見②を引き出す。階層を示せる。

クラゲチャート

発問に対して意見を集めることで，それを達成した要因などの関係を知ることができる。

Ｙチャート

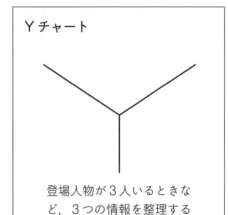

登場人物が３人いるときなど，３つの情報を整理することができる。

ベン図

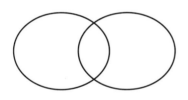

２つのものの同じところと違うところを整理することができる。

情報分析チャート

お話の流れを整理することができる。

・思考ツールは板書のアクセントになる。いろいろな思考ツールの活用に挑戦しよう。

・思考ツール同士を組み合わせることもできることを知っておこう。

板書のパターンを知る① ［基本型］

板書の基本型は「タイトルを真ん中に」と心得よう！

構造的な板書の基本はタイトルを真ん中に

　構造的な板書をつくる基本型は，pp.100〜101でも取り上げた「教材のタイトルを真ん中に書く」という方法です。構造的な板書に挑戦する第一歩として取り組んでみましょう。

黒板の真ん中に書けば構造的にしかならない

　以下のように，黒板の真ん中にドーンと教材のタイトルを書いてしまいます。

　このように真ん中に書くことによって，この後は「構造的」に書かなければ，板書を進めることができなくなります。

　つまり，

> その他の情報はそれぞれのまとまった「パーツ」として組み合わせることができるようになる

のです。

実際の板書で考えてみましょう。（あくまで一例です。）

このように，真ん中に教材のタイトルを書くことによって，それ以外の情報を周囲に書かざるを得なくなります。

もちろん「どこに何を書かなければいけない」という決まりはありません。

大切なのは，何かをデザインして考えるときのように，

> 実際に（パーツとなる要素を）仮置きして考えてみる

ことです。準備のときにぜひいろいろと板書のパターンを考えてみてください。こうして「構造的な板書にしかならない」仕組みでスタートさせてみましょう。

・タイトルを真ん中に書いて構造的な板書づくりを始めよう。

・板書計画では「仮置き」しやすいように鉛筆などで書いてみよう。

板書のパターンを知る② ［時系列型］

時系列でまとめたいときは，黒板を上下に使おう！

登場人物が二人の場合に活用できる「時系列型板書」

「友情」を内容項目として扱う教材などは，二人の登場人物が何らかの課題をもち，それを解決しようとする様子が描かれることが多くあります。そのようなときは，「時系列型」でまとめていきましょう。

黒板を上下に使い，囲みと矢印でまとめていく

「時系列」を構造的な板書で書いていくときは，次のような構造を基本とします。

このような形で，真ん中に線を入れ，それぞれの人物のスペースを上下に取るようにします。

この後，板書の続きは次のようになりました。

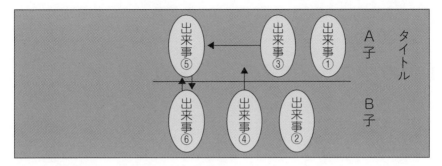

　このようにして，出来事を時系列で書いていきます。さらに，関連すると
ころは矢印で表し「どんなことが時系列で起こっているのか」が視覚的にわ
かるようにまとめていきます。

　最後に，中心発問や終末発問を書き足していきます。

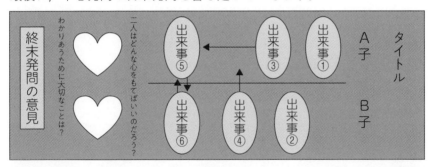

　登場人物が二人登場し，時系列で問題が起こるような教材は「時系列を踏
まえた出来事の把握」が子どもたちにとっても難しいものです。それを，こ
のように構造的にまとめることで，視覚的に時系列ごとの出来事をつかむこ
とができます。

・時系列で表したいときは，黒板の上下をうまく使おう。

・時系列で問題が起こるような教材は，出来事の把握があって初めて問
　題を深く考えられるものと捉えよう。

板書のパターンを知る③ [対立型]

対立させたときには,
その先にわかることまで考えよう!

対立から考える「対立型板書」

　道徳の教材には,よく「対立関係」が登場します。それは,光と影,陰と陽,表と裏のように,比較するものが登場することで,考えたい価値について深めることができるからです。

2つの要素を横並びに置く

　「対立型」を構造的な板書で書いていく際には,次のような構造を基本とします。

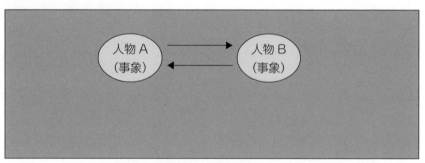

　まずは,このような形で,囲みと矢印を使って「対立構造」をつくります。その後,ここに,それぞれの情報を付け足していきます。

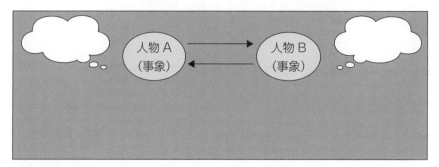

　このようにして，それぞれの人物や事象に関する情報（登場人物の思いや関連する情報）を吹き出しなどで書き足していきます。こうすると，どうして対立しているのかが見えてきます。

　最後に，中心発問や終末発問を書き足していきます。

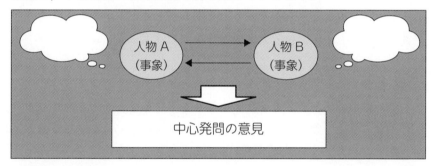

　道徳授業で対立を扱うときに気を付けることがあります。それは「対立させっぱなしで終わらせない」ということです。「どちらが正しいのか？」を考える課題は道徳授業にはふさわしくありません。「2つのことを考えることで見えることは何か？」が大切です。

　そのためにも，「下向き矢印」を活用しましょう。

・対立関係を示すためには，2つのことを横並びに置き，「⇄」を活用すると，視覚的に対立していることがわかる。

・対立のまま終わらせてしまうのは厳禁。

板書のパターンを知る④［三角関係型］

3つの要素から見えるものを探ろう！

3つの要素から考える「三角関係型板書」

　道徳の教材には，「ロレンゾの友達」に代表されるように，あることに関して三者や3つのことから描かれているものがあります。そのような"3つの要素"が絡むものには「三角関係型板書」を活用しましょう。

三角形をつくってみる

　まずは，登場人物など3つの要素を使って三角形をつくってみましょう。
　それぞれの要素の周りには，教科書からの情報や子どもの意見を書き足していきます。

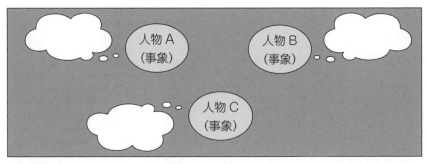

　もちろん，逆の三角形も考えられます。
　「だれを一番上にするか？」で少し雰囲気が変わってきます。
　板書計画の際にどちらのパターンも試してみましょう。

　どちらの三角形をつくったとしても，その周囲に子どもたちの意見や人物などに関する情報を書き足していくことに変わりはありません。

　そして，やはり「対立型」でもそうでしたが，3つのことから「何が考えられるか」を探っていかなければいけません。

　そのためには，板書に「矢印」を登場させましょう。

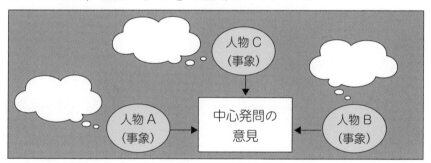

　このようにして，3つのことから何が考えられるのかを明らかにしていくようにしましょう。

・三角形の上下の向きは，どちらがよいか考えてみよう。
・あくまでも目的は「何が考えられるか」にあることを忘れないようにしよう。

板書のパターンを知る⑤［成長曲線型］

> 「カベ・失敗・挫折」部分をしっかりと表そう！

人物の物語から考える「成長曲線型板書」

　道徳の教材には，偉人やスポーツ選手など，その人の人生の一部から学ぶ教材があります。そのような授業では，その人の人生を表した「成長曲線型板書」を活用しましょう。

その人の人生を矢印で表す

　人の成長には，必ず次のようなことがあるものです。

> 失敗や挫折

　特に，道徳科の教材で一人の人をクローズアップするようなお話では，「失敗体験」「挫折体験」が必ずといっていいほど含まれています。

　社会教育家の平光雄先生は「『偉人のプロセス』の話」として，次のようにいいます。

> 偉人たちの生涯をまとめると，次のような図式になる。
> よーし！→　やる　→ 続ける →カベ・失敗・ざせつ → やり続ける→成功
> 【決心】　【実行】　【継続】

これを，黒板に矢印で表してみると，次のように表すことができます。（平先生の言葉は参考です。実際は書きません。）

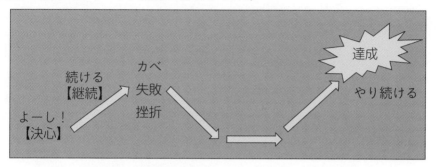

　この図に，登場人物の情報や出来事，子どもたちの意見を書き足していきます。すると，その人物の人生からどんなことが考えられるのかを授業で扱うことができます。

　黒板に表すと，次のようになります。

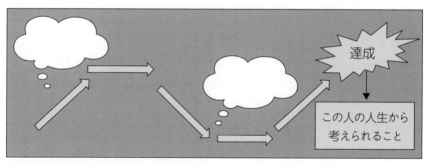

　「成長曲線型」の板書でも大切な，「その人物の人生から何を考えるか」ということを忘れないようにしておきましょう。

〈参考文献〉平光雄『一歩を踏み出すための道徳』(2016) 廣済堂出版

・偉人やスポーツ選手の人生における「カベ・失敗・挫折」をしっかりと板書でも表そう。

・「人生から何を考えるか」を大切にしよう。

中心発問とは何かを考える

> 道徳科の授業で要となる
> 「中心発問」について考えよう！

中心発問とは何か

　本項からは，「中心発問」について，いろいろと考えてみましょう。道徳の授業には欠かせない「中心発問」。「中心発問」とはいったい何なのでしょうか。

道徳科で大切にしたい「中心発問」

　道徳の授業で必ずといっていいほど登場する「中心発問」という言葉。まずは，「中心発問」という言葉の意味を確認しておきましょう。

> 中心発問とは，教材に関わって行う学習において，特に「本時のねらいに深く迫る発問」を指す言葉（（後藤2019）をもとに一部修正）

　すなわち，中心発問は，道徳授業で最もねらいに迫る瞬間であり，子どもたちが教材を通して最も深く考える場面であると言えます。
　ただ，いきなり「中心発問」を考えるわけではありません。
　そこに至るまでには「基本発問」と呼ばれるものがあります。

> 基本発問とは，中心発問が本時のねらいに深く迫る役目を十分に果たせ
> るように，中心発問をサポートし，中心発問での子どもの学習を際立た
> せる役目をもつ発問（後藤2019）

　つまり，p.64から紹介した「心の動きを共有すること」や基本発問を経て，中心発問までたどり着くのです。

　ただ，子どもたちの意見や話し合いはどのようにして発展していくのかは事前にわかりません。もちろん，授業準備はしますが，p.26で書いた通り「思い通りにならない」ことも多々あります。

　そこで次のようなイメージをもちましょう。

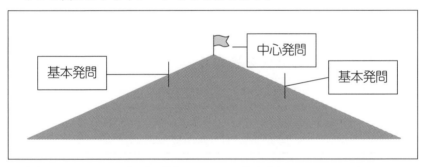

　中心発問は山の頂上（目的）であり，基本発問は，そこに向かうためのチェックポイント（目標）なのです。そして，子どもたちとの話し合いの時間には，決まっていない道を自分たちで進んでいくようなイメージをもつのです。

　自由に景色を見たり動物と出会ったりすること（自由な話し合い）ができるのも，立ち寄るべきチェックポイントやゴールがあるからこそです。

〈参考文献〉後藤忠『クローズアップ道徳科　提言「中心発問」を外さなければ，道徳の授業に
　　なる！』(2019) http://gototadashi.sunnyday.jp/103.pdf

> ・**中心発問は子どもたちとの話し合いのゴール地点であると考えよう。**
> **チェックポイントやゴールがあるから，自由に行動できる。**

基本発問で中心発問の効果を高める

> 「基本発問」を扱い，
> 中心発問の効果をさらに高めよう！

「基本発問」を考える

　中心発問は，提示するまでにどのような時間を過ごしているかで効果が大きく変わってきます。そこで大切になるのが「基本発問」なのです。

基本発問は中心発問の効果を高める

　基本発問は，次のようにも言えます。

中心発問をより深く考えるための発問

　p.51でも紹介した教材「マインツからの便り」は，次のようなお話です。

主人公の「わたし」は，ドイツの文化を習うために留学に出かけました。３か月後にドイツのマインツという町からお便りが届きます。そのお便りの内容は「日本の文化を伝える機会があったが，何を伝えようかすぐには思い浮かばなかった。その時には『いかに自分は日本のことを知らないか』を思い知った。知っているものの中で何とか着物を発表したら，とても仲間に喜んでもらえた。パーティーに招待されたが，その時には『着物で来てほしい』という依頼を受けた。」というものでした。

p.127〜でも紹介しますが, この授業で私は次のような中心発問を提示しました。

中心発問：日本の着物で来てほしいとパーティーに招待されたとき, 「わたし」は何を感じていたのでしょう?

中心発問だけでなく, ここに基本発問を組み合わせることで, より効果を高めることができます。例えば, 次のような基本発問を行います。

基本発問①：外国人の仲間は日本人の「わたし」にどんな話を期待していたのでしょう?

基本発問②：日本人でありながら「日本のことを知らない」と感じたとき, どんなことを感じていたのでしょう?

こんな基本発問を提示することが, 中心発問の効果をうんと高めてくれます。

まだ道徳授業に慣れていないときには, 「範読後に子どもたちの意見を聞く → 中心発問」という流れになるかもしれません。

しかし, 少しずつ道徳授業に慣れてきたときには, 「範読後に子どもたちの意見を聞く → 基本発問 → 中心発問」という流れで授業が実施できるようにしてみましょう。

きっと, 基本発問があるからこそ, 中心発問がさらに深まるということを実感できることと思います。

・中心発問は, 基本発問を組み合わせることでより効果を高めることができるのだと知っておこう。

3つの言葉で中心発問をつくる

まずは，この３フレーズで発問づくりに挑戦しよう！

よく使う発問フレーズ３

では，具体的にはどうやって中心発問をつくっていけばいいのでしょうか。私がよく使う３パターンをお伝えします。

「なぜ」「何」「本当」の３フレーズを活用する

私は，p.34〜の「『ツッコミ』を入れながら読んでみる」で紹介した内容をもとに，以下の３つのフレーズを多用しています。

・なぜ（どうして）××なのでしょう？【根拠・理由を問う】

・××なのは何なのでしょう？【要因を問う】

・本当に××なのでしょうか？【批判的に見る】

この「なぜ（どうして）」「何」「本当」という言葉を基本に，子どもたちと考えたい中心発問を探るようにしています。

例えば，次のような発問です。

・どうして，○○（登場人物）は親切にすることができたのでしょう？

・どうして，○○は本当のことを言わなかったのでしょう？

・○○が，何度も遅刻を繰り返すのは何がよくないのでしょう？

126

・○○に「自然を大切にし続けよう」と思わせたのは,何なのでしょう?

・○○は本当に××してもよかったのでしょうか?

　このような形で「なぜ(どうして)」「何」「本当」という言葉を組み合わせることで,登場人物などの深い部分に子どもたちが気付けるような発問をつくっていきます。(あくまでも私の場合であり,本項の内容は,中心発問が生まれるまでの「一例」であると思ってください。)

　とはいえ,なかなか発問が浮かばない……という人もいるでしょう。そのような発問がなかなか浮かばないときには,教科書にある発問を,この3パターンのうち,いずれかに変えてみるとどうなるかと考えるのもひとつです。

　「マインツからの便り」に,以下の左側のような発問が紹介されています。私は,上記の3パターンを活用して,右側のように教科書の発問を自分なりの発問に変換してみました。参考にしてみてください。

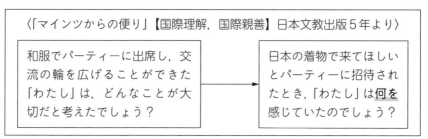

〈「マインツからの便り」【国際理解,国際親善】日本文教出版5年より〉

和服でパーティーに出席し,交流の輪を広げることができた「わたし」は,どんなことが大切だと考えたでしょう?	→	日本の着物で来てほしいとパーティーに招待されたとき,「わたし」は何を感じていたのでしょう?

・「なぜ」「何」「本当」の3フレーズをまずは活用してみよう。

・発問が浮かばないときには,教科書の発問をもとに,自分なりに発問を変換してみよう。

教材研究から中心発問をつくる

「中心発問づくりは教材研究から」と心得よう！

自分で生み出す力を

　前項では3フレーズを用いた基本的な発問づくりの型を紹介しました。型を使うよさは取り入れつつ，「自分でつくる」こともしてみましょう。

中心発問は教材研究から生み出す

　「中心発問をどうしたらいいかなぁ」

　「できるだけ短い時間で子どもたちが考えられる中心発問が知れたらなぁ」

　そんな風に思う方は少なくないでしょう。

　もちろん，たくさんの優れた発問と出合うことは大切なことですし，中心発問のつくり方の例を多く知ることも必要なことです。

　しかし，やはり

> 自分でつくる

ことが大切です。「発問を自分でつくることができる」，これほど強いものはありません。

　やはり，人からもらったものを子どもたちにぶつけるよりも，自分で生み出したものを子どもたちにぶつける方が，授業の真剣度もずいぶんと変わってくるものです。

人からもらった発問であれば「これはうまくいかなかったから，次，うまくいく発問を探そう」となり，その発問について振り返ることはありませんが，自分でつくったものであれば「何がまずかったのか」や，「この部分はうまくいったぞ」といった手ごたえも振り返ることができます。

　では，どのようにして，自分で発問を生み出したらいいでしょうか。

　それは，やはりpp.32〜47で紹介した

教材研究

が肝となります。

　はじめは時間がかかるかもしれませんが，だんだんと，教材研究も発問づくりも，短時間で実施することができるようになっていきます。

　そんな状態になってくると，

何かを探してくるよりも自分で発問を生み出した方が授業はおもしろくなるし，時間も短縮できる

という状態になります。結局，自分で生み出すことができるようになることが，究極の時短にもつながるのです。

・発問は教材研究をもとに，自分から生み出すことができるようになることを目指そう。
・自分で発問を生み出せるようになることが究極の時短であると知ろう。

子どもの意見をつないで中心発問を提示する

> 中心発問の提示は
> 子どもたちの意見を活かそう！

中心発問の提示で大切にしたいこと

　中心発問は，ねらいに迫るために授業前に吟味されたものを使用します。もちろん，基本的にはこちらが事前に用意していたものを活用しますが，それだけではいけません。

中心発問の提示にこだわる

　中心発問を提示するときに大切にしたいことがあります。それは，

> 子どもたちの意見とつなげて提示する

ことです。

　ねらいを最も深める中心発問を提示するのは，基本的に授業の後半部分です。それまでには，子どもたちはたくさんの思いを交流したりテーマについて話し合ったりしています。

　つまり，中心発問を提示するまでには，中心発問に関わる意見や思いがたくさん教室の中で飛び交っているはずなのです。

　「努力することはすごいことだなぁと思った」

　「努力が大切なのはわかるけれど，どうやって○○さん（登場人物）みたいに続けることができるのだろう」

「○○さんほどではないけれど，自分も今こんなことをがんばっている」
そんな風に子どもたちはそれぞれの意見や思いを語っていることでしょう。
その子どもたちの意見を使わない手はありません。
例えば，以下の2つのパターンを比べてみましょう。

〈A〉
中心発問提示：○○さん（登場人物）はどうして努力を大切にし続けることができたのでしょう？

〈B〉
△△さん（子どもの名前）は「努力することはすごい」と言ってくれました。××くんは「努力を続けることは難しい。どうして続けられるんだろう」と言ってくれました。このあたりをみんなで考えてみましょう。
中心発問提示：○○さんはどうして努力を大切にし続けることができたのでしょう？

こうして「中心発問の提示前」に関連する子どもたちの意見を取り上げて提示するのです。〈A〉であれば，ここまでの流れがプチッと切れてしまっていることがわかります。

〈B〉のようにすることで，ここまでの議論の高まりを活かして中心発問を考えることができるのです。

ぜひ，中心発問の提示前には，子どもの意見を活かしてみてください。

・中心発問の「提示の仕方」にこだわりを見せよう。子どもたちの意見をつないで提示するようにしよう。
・中心発問までの流れを活かすようにしよう。

子どもが考える仕掛けをつくる

中心発問の提示の仕方で
子どもたちの思考を深めよう！

提示の前にひと工夫

　中心発問は道徳授業の中で最も思考を深めたい場面。ただ提示するだけではなく発問の提示の前にひと工夫して，子どもたちの思考を刺激してみましょう。

中心発問を高めるための「ゆさぶり」

　高学年の教材としてよく使われている「エルトゥールル号―日本とトルコのつながり―」【国際理解，国際親善】（日本文教出版６年）をきっかけとして「日本とトルコの絆をつないだ物語」があります。

　エルトゥールル号事件から95年後にイランに取り残された日本人を，「当時の恩返し」として飛行機を飛ばして救助してくれたトルコ。この２国の交友を表した教材です。今もなお，125年以上交流を続けているのです。

　その教材で，例えば，次のような中心発問を提示しようとしているとします。

> どうして（記念式典で）今になっても交流を続けているのでしょうか？

　もちろん，このように直接聞く方法もあり得ますが，ただ発問を提示するだけでは，子どもたちの思考が止まったままになり，多様な意見が引き出せ

ないことにもなります。

　そこで，発問提示の前に「ゆさぶり」をかけてみます。

　ゆさぶることで，子どもたちの思考が刺激され，多様な意見が生まれやすくなります。例えば，次のようにです。

> すごく昔のことなのですから，もうやめてもいいんじゃないですか？

　もちろん，子どもたちは首を横に振ります。「それはいけない」と言うことがほとんどでしょう。

　子どもたちは，このゆさぶりを受け「もし交流がなくなったら……」と思考し始めるのです。「これまでのトルコと日本の交流が途絶えてしまう」「エルトゥールル号のこともイラン脱出のこともこの後語り継がれなくなってしまう」——そんな，教材の本質を突くような内容を思考するのです。

　そんな思考体験をさせてから，中心発問を提示します。

> どうして今も交流を続けているのでしょうか？

　一旦，「もしなくなったら……」と思考している子どもたちは，それぞれの思いを多様に表現します。ただ中心発問を出すよりも，いろいろな意見が聞かれるようになるのです。

　ゆさぶりをかけた後は，10秒でもいいので短いペアトークを挟むことをおすすめします。子どもたちの思考を整理する時間を少しでも取りましょう。

・中心発問の前に「ゆさぶり」をかけることで，子どもたちの思考をさらに深めよう。

切り返しでさらに思いを引き出す

中心発問の提示後は，切り返し発問で
子どもたちに潜在する意見を引き出そう！

中心発問の提示後にも工夫を

ここまでは，「中心発問を提示する前」のひと工夫について取り上げてきました。では，中心発問を提示した後には，何も工夫できることはないのでしょうか。

「切り返し発問」で道徳授業を深める

中心発問の提示後は，次の発問が重要になります。

> 切り返し発問

まずは，切り返し発問の意味を確認しましょう。
私は，切り返し発問を次のように定義付けています。

> **ある発問に対する意見に潜在するものを引き出そうとする発問**

切り返し発問はとても重要です。なぜなら，

> 人間のコミュニケーションとは，基本的に欠如しているもの

といわれているからです。

　例えば,「野菜が好きです。」という言葉には,「何が（なぜ）好きなのか？」が欠落しています。さらに「何」には，次のような要素が考えられます。

- ・味が好き
- ・形が好き
- ・色が好き
- ・名前の響きが好き
- ・野菜に何か思い出がある
- ・お肉よりは野菜が好き

など，様々な情報が潜在している（埋もれている）可能性があります。

　それを，顕在化させる（引き出す）のが「切り返し発問」なのです。

- ・どうしてそう思うの？
- ・○○ってどういうこと？
- ・というと？
- ・もう少し具体的に言うと？

　そんな切り返し発問を行うことで，子どもたちが「本当は言いたい」本音の部分を引き出すことができます。子どもたちが意見を言っても,本当は「言い足りない」「もっと言いたい」状態なのです。しかし，意見を言う子どもたち自身がそれに気付いていません。

　そこで，切り返し発問です。切り返し発問で道徳授業を，ぜひ深めてください。

・「切り返し発問」で子どもたちに潜在している意見を引き出そう。

発問で扱う「時系列」を設定する

その発問は「いつ」を扱っているのかを
意識してみよう！

「時系列」をうまく使い分ける

〈発問〉に関して最後に，発問づくりで押さえておきたい「時系列」について述べておきます。発問には「時間」があります。つまり「時系列」を設定するということです。どの時系列で発問をつくるかによって，子どもたちの思考が変わってきます。

「過去」「現在」「未来」を使い分ける

発問に関する時系列は，次の3要素があることを，まずは押さえましょう。

・過去（〜だったのでしょうか？　など）
・現在（どんな思いなのでしょうか？　など）
・未来（これからどうしていくでしょうか？　など）

この「過去」「現在」「未来」をどう設定するかで，子どもたちの思考が変わってくるのです。それぞれの発問例とその効果について考えてみましょう。

〈過去〉
・○○は，××のとき，どんな思いだったのでしょうか？

【そのときの思いを探る】

> ・○○は，××のとき，どうすればよかったのでしょうか？
>
> 【望ましい姿を考える】
>
> ・何が○○をそのようにさせたのでしょうか？
>
> 【過去の体験との関係を探る】

　過去には，その人物の体験や思考について振り返らせる効果があります。その人物の行為に対する要因を教材からじっくりと探らせたいときには，過去を問うようにしてみましょう。

> 〈現在〉
>
> ・今，○○はどんな思い（考え）なのでしょうか？【心情（思考）を探る】
> ・今，○○は何を手に入れたいと思っているのでしょうか？
>
> 【欲求を探る】

　現在に焦点を当てることで「そこまでの判断が正しかったのか」など，そこまでの行動や思考をジャッジできます。子どもたちに，多様な立場を取らせたいときなどにおすすめです。（「賛成・反対」「AかBかCか」など）
　最後に，未来です。

> 〈未来〉
>
> ・この先，○○はどうするべきでしょうか？
> ・この後，○○はどうするでしょうか？

　未来を考えることで，課題解決の部分を子どもたちに思考させることができます。

> ・そのときの課題に合わせ，過去・現在・未来をうまく使い分けて発問をつくろう。

終末場面で大切にしたいこと

終末発問とは自分ごとにすることであり，
まとめと出発の役目があると知ろう！

終末発問とは

　道徳科の授業の最終場面には「終末発問」が用意されることがほとんどです。ここからは，終末発問とは何か，終末発問で大切にするべきことは何かについて考えてみましょう。

終末発問で自分ごとにする

　終末発問，まずは，その意味から確認しましょう。
　終末発問とは，

本時で扱った道徳的価値を整理したり学習内容を深めたりすることを通して，自分ごとにつなげるための発問

のことをいいます。
　「道徳的価値を整理」というのは，「本当の友情とは何か？」「自然を大切にするとはどういうことか？」などのように，価値に対する自分の考えについて深めることをいいます。
　また，「学習内容を深める」とは，教材の内容を整理したりさらに深く発展的に考えたりすることを通して，本時で扱った学習内容を深めることをいいます。（詳しくは本項以降で紹介します。）

終末場面で特に大切なことは

自分ごとにつなげて考える

ということです。

　中心発問までは，登場人物に重ねながら思考を繰り返しますが，終末場面では「自分であればどうするか？」「自分はどのように考えるか？」といったことを大切にして考えるようにするのです。

　道徳科の学びは，道徳科のみならず。

　「努力の大切さ」「どうすればうまく協力できるのか」といったことは，普段からも考えているものです。

　道徳科の時間で扱った価値について深め，授業後にさらにその価値に対する考え方を広めたり深めたりする，つまり，

終末発問は，道徳授業の（個々の）まとめとなり，次の出発となる

と言えるでしょう。

　そんなつもりで終末発問に取り組んでみてください。

・終末発問では「自分ごと」につながる時間にすることをしっかりと意識しよう。
・終末発問はまとめであり出発であることを意識しよう。

自分ごとにつながる発問づくりをする

> 終末発問では，それぞれの子どもたちにねらいを
> 落とし込めるかどうかが授業成功の分かれ目だよ！

自分ごとにつなげる言葉

　終末発問では，「いかに自分ごとにつなげられるか」がポイントとお伝えしました。そのためには，発問の言葉にもこだわりをもつ必要があります。どのような言葉が終末発問に効果的なのかを考えてみましょう。

ねらいを落とし込める発問になっているか

　「マインツからの便り」をもとにして考えてみましょう。

　例えば，終末発問で次のような発問を提示したとします。

> 外国の人たちとどんな交流をしてみたいですか？

　この終末発問に，点数をつけるとするなら，何点をつけるでしょうか。

　「外国の人と交流する」のは，まぎれもない子どもたち自身，つまり「自分」ですので，自分ごととして考えることはできる発問です。しかし，

> ただ「どんな交流がしたいか」という行為の部分しか取り上げていないので，心情の部分が問われていない

とも言えます。

そうなると，せっかく「外国の人と交流するときにどんな思いを大切にしたいのか？」「外国の人との交流で大切にしたいことは何なのか？」といったことを授業で考えたとしても，それが活かされないことになります。

　それは「せっかくねらいに迫る話し合いをしたにもかかわらず，最後にねらいをそれぞれの自分ごととして落とし込んでいない」ということになり，

> 子どもたちそれぞれが気付くべき価値や考えに気付くことができない

まま授業を終えてしまうことになります。

　それでは，道徳科の授業を行っている価値があるとは言えません。

　終末発問は，それぞれの子どもたちが，その時間に学んだことを自分の中に落とし込んでいく大切な時間です。しかし，発問に使われている言葉によって，せっかくの学びを落とし込むことができないままに終えてしまうことになります。

　先の終末発問は，例えば次のような発問に変えることで，ねらいに迫る発問にすることができます。

> 外国の人たちと交流するときに，どんな思いを大切にしたいですか？

　このようにねらいを自分の中に落とし込める発問にするのです。

・終末発問では，子どもたちがねらいを自分の中に落とし込むことができるかどうかをチェックしよう。

その教材だから考えられる発問にする

> 終末発問×教材のよさで一歩深い発問を生み出そう！

終末発問でも教材のよさを活用する

　終末発問だからといって，その教材のもつ特性を活かさないままに発問づくりをしてしまうのはもったいないです。終末場面までの学習で活用していた教材のよさを活かした発問もつくってみましょう。

終末発問×教材のよさ

　「くりのみ」という有名な教材があります。

　内容項目は【親切，思いやり】であり，主に低学年で扱われる教材となります。

　「くりのみ」のお話のあらすじは次の通りです。

　ある寒い日の冬，きつねとうさぎは食べ物を探しに行きました。

　きつねは，食べ物であるくりをたくさん見つけました。

　それを，お腹いっぱいに食べて，残りは隠してしまいました。

　一方，うさぎは，しなびたくりを2つ見つけただけ。

　その後にうさぎに出会ったきつねは言いました。

　「（くりを）探しましたが何も見つかりませんでした」

　うさぎは，それを聞き「2つ見つけたのです」と言い，2つのうちのひとつをきつねにあげました。

きつねは，それを受け取り，ポロリと涙がこぼれました。

内容項目は，先も書いた通り【親切，思いやり】です。
自分ごとにつなげようと，次のような発問をしたとします。

> これから，どんな親切をしていきたいですか？

ねらいを落とし込むための発問にはなっていますが，せっかくの教材を活かしているとは言えません。また，中心発問まで話し合ってきた「くりのみ」のお話がぶつ切りになってしまうことも考えられます。
ここでも教材のよさを活かし，次のような発問にするとよいでしょう。

> うさぎさんのような親切をするためには，どんな思いを大切にするとよいのでしょうか？

または，次のような発問も考えられます。

> うさぎさんのような親切とは，どのような親切だと言えますか？

このようにして，教材と終末発問をつなぐ発問を扱うのです。
そうすることで，教材もそれまでの話し合いも活かすことができるのです。

・終末発問と教材とをぶつ切りにしないように気を付けよう。そのためには，教材と終末発問をつなげよう。
・終末発問の言葉の中に，教材に関する言葉を入れよう。

教材の未来を考えて自分ごとに

> 「教材の未来」を考えることで
> 「自分ごと」にしよう！

「教材の未来を考える」とは

　「自分ごとにするから」といって，教材から絶対に離れた発問をしなければいけないというわけではありません。教材によっては「教材の未来」を考えた発問が自分ごとにつながることもあります。

教材の未来を考えることで自分ごとになる

　p.140でも触れた「マインツからの便り」で，終末発問を次のようにするとどうなるでしょうか。

> マインツから3か月後にもう一度お便りが届いたとします。どんな内容が書かれているのでしょうか？

終末発問ではありますが，教材から離れた発問にはなっていません。
これは，やはり自分ごととは言えないのでしょうか。
ある子どもの意見を紹介します。

> 和服のことを今回は教えたけれど，今度は和服以外の「和」のことを教えてあげようと思いました。また，今度は他の国の文化もいっぱい教えてほしいと思いました。

お便りの続きを書かせることで，登場人物の「わたし」を通して自分のこととして考えることができています。「和服以外の『和』」という言葉や「他の国の文化もいっぱい教えてほしい」という言葉から，教材をもとにしつつも，教材から離れて【国際理解，国際親善】について考えていることが見受けられます。

　また，「すれちがい」【相互理解，寛容】（日本文教出版5年）という教材では，次のような発問を行いました。

> **この後，二人はどうするのでしょう？**

　教材に起こっている課題解決の方法を考えさせるという学習課題を終末発問で設定しました。こちらでも

> 相手の意見を聞いて解決する。そして，自分の方が悪いと思った分，謝って，和解する。

と，教材を通して自分ごとへと考えている様子が見られます。

　教材の未来については，どこにも書いていません。つまり，登場人物など教材を通して「自分なら……」と考えているのです。

　「自分ごと」にするには「教材の未来を考える」という手もあることを知っておきましょう。

・「教材の未来を考える」ことも，教材を通して自分ごとにして考えることができることを知っておこう。
・「教材の未来を考える」ことも教材のよさを活かすことである。

発問の前に「スケーリング」を使ってみる

「スケーリング」を活用して，
終末発問でさらに自分ごとにつなげよう！

終末発問提示前に工夫する

　自分ごととして考える終末発問。中心発問同様，終末発問の前にもひと工夫入れると効果を高めることができます。ここでは，その工夫について紹介します。

「スケーリング」でより自分ごとに

　終末発問では，「自分ごととして考える」ことが大切であると述べました。ただ，

これからどんな親切をしたいですか？

などと聞くだけでは，せっかくここまで話し合ってきた成果を活かしきることができません。ここまでの話し合いの成果をムダにしてしまうのは，あまりにももったいないことです。

　そこで，ここまで話し合った学習を自分ごとにつなぐためのひとつの工夫として，

スケーリング

というスキルを活用します。

　スケーリングとは，

何らかのことに対する自分の考えを数値によって表現すること

です。

　例えば，

今日の自分の掃除の点数は４点満点中，何点ですか？

などのように，自分を振り返る際に数値化を行うのです。

　例えば，終末発問に入る前に次のように使います。

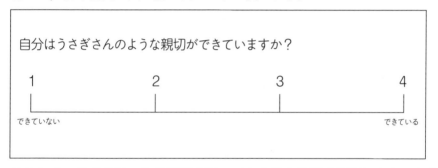

　こうして，自分を見つめる時間を取ってから終末発問を提示します。すると，より自分ごとへとつないで終末発問に取り組むことができるのです。

・終末発問を提示する前に「スケーリング」のひと工夫を入れてみよう。
　より自分ごとにつないで考えられるようになる。
・スケーリングをその他の場面でも活用してみよう。

終末場面では「書く」時間の保障をする

> 「書く」ことを通して,
> 自己内対話の時間を充実させよう！

終末場面では，自分と向き合う時間を

　終末場面で「自分ごと」にするためには，しっかりと「自分自身と向き合う」時間を確保する必要があります。終末場面では，子どもたちが自分と向き合う時間をしっかりと確保しましょう。

書く時間を保障する

　「自分自身と向き合う」時間をしっかりと確保するためには，

> 書く時間をしっかりと保障する

ということが大切です。
　書く時間には，教室は「シーン」となります。
　どの子も他者との対話をすることはありません。
　では，他者と対話をしなければこの時間は対話の時間ではないのか？
　いえいえ，そうではありません。
　この時間は

> 自分自身との対話の時間になっている

のです。つまり，

自己内対話

を実施している時間になります。この「自己内対話」の時間を取ることは，とても大切なことです。

　自分で考え，自分から湧き上がる思いや感情を自分で探す。

　こんな時間も道徳科のとても魅力的な時間になります。

　p.140〜でも述べたように，私は，終末場面について

ねらいをそれぞれが落とし込む時間

であると思っています。

　終末場面まで，みんなで話し合ってきたこと，教材から学んだことのいろいろの中から，自分はどの部分に心が残ったのか，また，話し合いを通して，自分の中から何が生まれたのか，そんなことをくみ取るためには「書く」時間が欠かせません。書く時間は，5分程度は取りたいものです。

　どうしても書く時間が足りないときには，宿題として道徳授業の感想を書くなど，別の時間に取り組んでもいいでしょう。

・終末場面では，自分自身と向き合うことがとても大切だからこそ，書く時間をしっかり確保しよう。

・書く時間が十分に取れないときには，宿題などにすることも有効である。

教師の説話より子どもの感性を大切にする

> 終末場面は，ここまで積み上げてきた
> 子どもたちの感性を活かしてみよう！

型にはまった流れを見直す

「授業の最後は必ず教師の説話を」といわれることもあるそうですが，型にはまった方法は大変危険です。私は，教師の説話より子どもたちの感性を大切にし，活用したいと思っています。

子どもたちの感性を終末に活かす

教科化前の道徳の授業では，終了間際に「教師の説話」を取り入れることが多くありました。（もちろん，今でも取り入れられることもあります。）

教師の説話とは，

> 教師の体験や願い，様々な事象についての考えや思いなどを語ることで，子どもたちがねらいにある道徳的価値をより身近に感じられるようにするもの

もっと平易に言うと

> 先生の（本時の内容項目に関する）経験や願いを子どもたちに語る

ということです。

子どもたちは学級担任の先生によるお話にとても興味関心をもちます。先生のお話に引き込まれることもあるでしょう。

しかし，安易な教師の説話は大変危険であると思っています。

> ここまで話し合ってきた道徳的価値に関する考えや思いを一掃してしまう可能性もある

からです。先生のお話がとてもインパクトが残って，そこまで積み上げてきたものを，先生のお話でがらりと変えてしまうこともあります。

また，

> 話し合ってきた内容と，先生のお話がズレる

こともあります。それも，ここまでの流れを活かせないことになります。

そんなこともあり，私は終了間際には，

> 子どもたちの終末場面の意見

を語ってもらうようにしています。それであれば，ここまでの流れを断ち切ることもなく，子どもたちが主役となって授業を終えることができるのです。時には，子どもならではの感性でこちらが感動を覚えることもありますよ。

- ・ここまでの話し合いを活かしきれないような「安易な」教師の説話には気を付けよう。
- ・子どもたちの感性を活かした終末の工夫をしてみよう。

余韻の残る教材を差し込んでみる

> 道徳授業で活用できそうな教材を
> 普段から探してみよう！

終末場面でちょっといいお話を

　教師の説話の扱いには気を付ける必要がありますが，とはいえ，終末に「ちょっといいお話」を差し込むことで，授業に余韻を残して終えられることがあります。ここでは，終末に何か教材を差し込むことを考えてみましょう。

本時の教材やねらいとマッチした教材を扱う

　道徳授業では，教科書の教材以外にも，以下のような先生が見つけてきた教材を扱うことが効果的な場合があります。

- ・偉人やスポーツ選手などのエピソード
- ・格言や名言
- ・モノ
- ・新聞記事
- ・ポスター
- ・SNSで話題になった投稿記事
- ・映像
- ・音楽

　これら，様々なものを教材として活用することができます。時に大きな効

果を発揮し，子どもたちが集中してお話に引き込まれるということも多くあります。

　ただし，先ほどの「教師の説話」と同じように，気を付けることがあります。

本時の教材やねらいと合っているか

　ここが重要なポイントです。

　例えば，生命尊重の授業で「これは生命尊重を深める教材だ」と思って取り入れても，実は家族愛だった……なんてこともあるのです。

　扱おうとしている教材とねらいがマッチしているかどうかはよく吟味するようにしましょう。

　また，ひと手間加えることで，より効果を発揮することがあります。

　私がよく使うスキルは

マスキング（一部をかくす）

というスキルです。例えば「上を向いて○○○○」と提示し「どんな言葉が入るでしょう」というようにします。注目が集まったり興味関心が高まったりするので，その後の学習活動の効果を高めることもできます。（ちなみに，○○には「ねがおう」の言葉が入ります。ある記事の見出しです。）

　「道徳に使えそうな教材はないかな……」と普段から探してみましょう。

・終末場面で活用できる教材を，普段からアンテナを立てて探そう。
・扱おうとしている教材とねらいが合っているかよく確かめよう。

授業づくりで悩むことの多い事柄を
一問一答で解説しています。
7つの視点と合わせて
授業づくりのヒントにしてください。

第**3**章

道徳授業
なんでもQ&A

道徳では「めあて（テーマ）」を
出さなくていいのですか？

　他の教科では当たり前のように，「めあて」の提示をするようにいわれたことがある方も多いでしょう。

　道徳科におけるめあてについて，私は次のように考えています。

> 提示してもしなくてもどちらでもよい

　これは，「授業者の意図によって変わる」ということです。

> テーマに縛られすぎずに自由に子どもたちに語ってほしい

> テーマを忘れずに，深めるためにもテーマを提示する

　道徳の授業は次のようにもいわれます。

> 先生の数だけ授業（のあり方ややり方）があっていい

　もちろん，p.16〜で紹介した「目的」は外してはいけません。しかし，目的に向かうためであれば，その手段に制限はないのです。

　この授業ではめあて（テーマ）を示した方が，子どもたちの議論が深まりねらいに近付けるのか。それとも出さずに自由に語る方が，議論が深まりねらいに近付けるのか。

　ぜひ，いろいろと試してみてください。

道徳では「まとめ」はしなくていいのですか？

　他の教科では当たり前のように実施されている「授業のまとめ」ですが，道徳科ではどのように扱えばいいのでしょうか。もしかすると，

　「道徳科でもまとめをしっかりと行いましょう」

　「一時間で学んだことをしっかりと黒板に書き残しましょう。一時間で何を学んだのかをわかるようにしておきましょう」

といわれたことがある方もいるかもしれません。

　しかし，私は次のように断言します。

> ## 道徳科で全体のまとめはあり得ない

　pp.12〜13でも紹介しましたが，「家族に対する価値観」「友情に関する価値観」が，みんな一緒なんていうことはあり得るでしょうか？　そんなことはありません。

　「友だちはかけがえのない存在」

　こうした意見も，尊い意見であることは間違いありませんが，道徳科ではあくまでひとつの意見に過ぎないのです。

　また，「道徳科」と「道徳教育」を分けて考える必要もあります。

　「学級で協力してよいクラスをつくっていこう！」と，はっきりと指導する場面は，学校教育ではよくある場面ですが，それは「道徳教育」つまり「道徳科」以外の時間で実施するものです。

　道徳科では，「協力はどうして大切なのだろう？」「協力するってどういうことだろう？」といった答えがひとつでないことを考えていきましょう。

Q

道徳に関する教室環境は
どのようにすればいいですか？

　道徳科のためには，どのような教室環境を整えたらいいのか，そんな疑問をもつ方もいることでしょう。

　ここでは，「学級目標と道徳授業をつなぐ実践」を紹介します。

　一番のおすすめは次のことです。

道徳科で学んだ足跡を残す掲示物を作成する

　教室内に，これまでどのような道徳科の学びを蓄積してきたのかがわかるように掲示するのです。例えば，写真のようにします。

　四角の部分には，「これまで学習した道徳科の足跡」が記されています。真ん中にタイトル，周辺に日付・テーマ，さらには上部には中心発問と終末発問，下部には子どもたちの主な意見が書かれています。

　こんな掲示物をつくることで，授業中に「○○というお話でも勉強したけれど……」というように学習のつながりを持ち始めます。

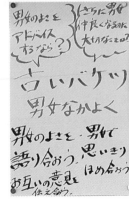

週に必ず一度，授業しなければ
いけないのでしょうか？

　道徳が教科化され，「量的確保」「質的確保」の２つの側面から改革が求められました。教科化までは，週に一度，道徳授業が実施されているはずだったにもかかわらず，現場では十分な量的確保がされていなかったことが問題視されたのです。よって，

> 週に一度，道徳科の時間を確保する

ことは，当たり前のことであり必ず実施するものとされています。

　とはいえ，「せねばならないからする」「したくないけれど仕方なしにしている」では，よりよい道徳科の授業にはなっていきません。

　私は，週に一度の道徳科の授業を次のように考えています。

> 子どもたちが自分の思いを語る時間
> 子どもたちが友だちの思いを聞き合う時間

　そして，

> 新たな自分との出会いの時間

です。つまり，学級の，そして自分自身のメンテナンスの時間でありアップデートの時間なのです。

　そんな時間だからこそ，週に一度の道徳の時間を大切にしたい。そう思って，毎週の道徳に取り組むことで，その一時間はとても貴重に思えてくるでしょう。

さらに一歩深める道徳授業にするためには どうすればいいですか？

私はいつも次のように思っています。

> 完成された道徳授業など存在しない
> 完成された授業者など存在しない

だから，何度授業をしても，それは自分自身の挑戦であり「次はどんな授業をしようか」と子どもたちの顔を思い浮かべながら教材と向き合っています。

「さらに一歩深める道徳授業にするために」，私自身が取り組んでいることは，次の3つです。

> ・毎回の道徳授業で教材研究ときちんと向き合う
> ・様々な方の実践を聞かせていただく
> ・「この人に学びたい」という人から学ぶ機会を確保する

毎回の道徳授業で教材研究ときちんと向き合う

「毎回の教材研究をどれだけ地道に取り組むか」は，自分自身の力をつけることができるかどうかの大きな分かれ道となります。

例えば，前年と同じ学年を担当し，同じ教材を扱うことがあったとしても，次のことに気を付けます。

> 初めて出合った教材であると思って教材を読む

「去年と同じ教材」とはいえ，目の前の子どもたちは違うはずです。

さらに，自覚するべきは

> 自分自身が変わっている

ということです。

　一年間，何も経験してこなかった，何も考えてこなかったということはあり得ません。

> 一年で自分自身もいろいろなことを経験したり考えたりすることで，物事などへの見方や考え方が深まったり広まったりしている

　この自覚をもつようにしましょう。必ず教材の見え方は変わっています。

　第2章pp.32〜47で紹介した項目をもう一度見直し，毎回の道徳授業における教材研究を大切にしましょう。

　そうした地道な努力を続けることで，必ず授業力は向上していきます。

様々な方の実践を聞かせていただく

　校内でも，校外でもコロナ禍の影響により急速に広まったオンライン研修会により，ずいぶんとたくさんの情報を手に入れることができるようになりました。

> できるだけ多くの道徳実践に出合うこと

　これが，道徳授業力を高める2つ目のポイントとなります。

　道徳科で大切にされている「多面的・多角的」という視点。

　これは，道徳授業を実施する私たち授業者にもあてはまる視点です。

　道徳科で陥ってはいけないことがあります。

それは，

> 独りよがりの見方をしてしまう

ということです。

　道徳授業を実施していると，子どもたちの意見に驚かされることが多くあ
ります。

　「○○についてこんな見方があるのか」

　「○○ということには気が付けなかった」

　子どもたちと授業を進めていると，このような思いをもつことが本当に多
くあるのです。

　子どもであっても，大人顔負けの意見を聞くことは珍しいことではありま
せん。私など，ほとんどの授業で「そう考えるのか～」と驚かされてばかり
です。

　つまり，

> 道徳科に対する見方や考え方はいくつもある

ということであり，

> ひとつの教材や価値について，できるだけたくさんの人と交流をする

ということが大切になるのです。

　そして，それが自分自身を広げたり深めたりしていくことにつながります。
授業者としてだけではなく，一人の人間として自分自身を高めることができ
るのです。

　ぜひ，たくさんの人と道徳授業について語り合ってみてください。

「この人に学びたい」という人から学ぶ機会を確保する

道徳科でもその他の教科でも同じです。

> 「この人から学びたい」という人を見つけ，徹底的に学ぶ

その人からの学びも様々な方法があります。

> ・書籍から学ぶ
> ・その人のネット記事から学ぶ
> ・その人のグループに所属して学ぶ
> ・オンライン発信（研修会など）から学ぶ
> ・実際に会って学ぶ

いまや，たくさんの著名な方々がインターネットを通じて，学習会や研究会を開催しています。

「この人から学びたい！」という方と出会ったら，ぜひ，その人自身を追いかけ続けてみてください。

きっと，自分だけでは到底得ることのできない知識や考え方を身に付けることができるでしょう。

> 自分が成長した分だけ子どもたちへの教育に影響を与える

そう思い，地道に学ぶことに取り組んでみてください。

おわりに

バームンとの学びの時間，どうだったでしょうか。
道徳科について，少しでもそのよさやポイントが伝わったでしょうか。

いや〜，バームンのおかげで本当によくわかったよ〜！

うん！　道徳ってこうするだけでいいんだなぁ〜
と，すっきりできたよ！

そう言ってくれるとうれしいなぁ。
ぼくも，一緒に考えることができて
よかったよ〜！

　「はじめに」で若い先生が言っていた「何を教えていいのかわからない」
という悩みは，多くの若い先生がもっているものです。
　しかし，本書で学んでいただいた通り，道徳科の授業は「教える」という
ことではなく，子どもたち自身が「気が付く」「（話し合いで生まれたいくつ
かの意見から）選びとっていく」ことが大切になるのです。

「子どもたちが気付く」ことが道徳だったんだなぁ〜。
それを聞いたら，「教える」というスタンスじゃなくて
いいんだなぁ〜と気付けたよ！

何か，「子どもたちに教える」ということよりも
「一緒に考える」「一緒につくっていく」
そんな言葉が合っている気がするなぁ。

そうなんだよ‼
そのことに気が付けたら，もう大丈夫！
子どもたちと一緒に考える。
子どもも大人も真剣に考える時間。
それが道徳科の時間なんだ！

　バームンが言うように，「子どもも大人も真剣に考える時間」が道徳の時間の本質であり醍醐味です。「家族を大切にするってどういうことなんだろう」「人間はどうして自然を大切にしてこれなかったのだろう」そんな，答えがあるようでない問題と真剣に向き合い，共に考える時間こそ，道徳授業の醍醐味です。

　そのためのスキルをできるだけわかりやすい形で記させていただきました。本書のタイトルにもあるように「いちばんやさしく」書かせていただいたつもりです。

　本書が，全国の先生の道徳授業づくりの一助となれば幸いです。

　子どもたちとの真剣な話し合いの時間を，ぜひ楽しんでください。

丸岡　慎弥

付録　小・中：目標・内容項目一覧

小学校目標：第1章総則の第1の2の(2)に示す道徳教育の目標に基づき，よりよく生きるための基盤となる道徳性を養うため，道徳的諸価値についての理解を基に，自己を見つめ，物事を多面的・多角的に考え，自己の生き方についての考えを深める学習を通して，道徳的な判断力，心情，実践意欲と態度を育てる。

	小学校第1学年及び第2学年　(16)	小学校第3学年及び第4学年　(20)
A 主として自分自身に関すること		
善悪の判断，自律，自由と責任	(1) よいことと悪いこととの区別をし，よいと思うことを進んで行うこと。	(1) 正しいと判断したことは，自信をもって行うこと。
正直，誠実	(2) うそをついたりごまかしをしたりしないで，素直に伸び伸びと生活すること。	(2) 過ちは素直に改め，正直に明るい心で生活すること。
節度，節制	(3) 健康や安全に気を付け，物や金銭を大切にし，身の回りを整え，わがままをしないで，規則正しい生活をすること。	(3) 自分でできることは自分でやり，安全に気を付け，よく考えて行動し，節度のある生活をすること。
個性の伸長	(4) 自分の特徴に気付くこと。	(4) 自分の特徴に気付き，長所を伸ばすこと。
希望や勇気，努力と強い意志	(5) 自分のやるべき勉強や仕事をしっかり行うこと。	(5) 自分でやろうと決めた目標に向かって，強い意志をもち，粘り強くやり抜くこと。
真理の探究		
B 主として人との関わりに関すること		
親切，思いやり	(6) 身近にいる人に温かい心で接し，親切にすること。	(6) 相手のことを思いやり，進んで親切にすること。
感謝	(7) 家族など日頃世話になっている人々に感謝すること。	(7) 家族など生活を支えてくれている人々や現在の生活を築いてくれた高齢者に，尊敬と感謝の気持ちをもって接すること。
礼儀	(8) 気持ちのよい挨拶，言葉遣い，動作などに心掛けて，明るく接すること。	(8) 礼儀の大切さを知り，誰に対しても真心をもって接すること。
友情，信頼	(9) 友達と仲よくし，助け合うこと。	(9) 友達と互いに理解し，信頼し，助け合うこと。
相互理解，寛容		(10) 自分の考えや意見を相手に伝えるとともに，相手のことを理解し，自分と異なる意見も大切にすること。
C 主として集団や社会との関わりに関すること		
規則の尊重	(10) 約束やきまりを守り，みんなが使う物を大切にすること。	(11) 約束や社会のきまりの意義を理解し，それらを守ること。
公正，公平，社会正義	(11) 自分の好き嫌いにとらわれないで接すること。	(12) 誰に対しても分け隔てをせず，公正，公平な態度で接すること。
勤労，公共の精神	(12) 働くことのよさを知り，みんなのために働くこと。	(13) 働くことの大切さを知り，進んでみんなのために働くこと。
家族愛，家庭生活の充実	(13) 父母，祖父母を敬愛し，進んで家の手伝いなどをして，家族の役に立つこと。	(14) 父母，祖父母を敬愛し，家族みんなで協力し合って楽しい家庭をつくること。
よりよい学校生活，集団生活の充実	(14) 先生を敬愛し，学校の人々に親しんで，学級や学校の生活を楽しくすること。	(15) 先生や学校の人々を敬愛し，みんなで協力し合って楽しい学級や学校をつくること。
伝統と文化の尊重，国や郷土を愛する態度	(15) 我が国や郷土の文化と生活に親しみ，愛着をもつこと。	(16) 我が国や郷土の伝統と文化を大切にし，国や郷土を愛する心をもつこと。
国際理解，国際親善	(16) 他国の人々や文化に親しむこと。	(17) 他国の人々や文化に親しみ，関心をもつこと。
D 主として生命や自然，崇高なものとの関わりに関すること		
生命の尊さ	(17) 生きることのすばらしさを知り，生命を大切にすること。	(18) 生命の尊さを知り，生命あるものを大切にすること。
自然愛護	(18) 身近な自然に親しみ，動植物に優しい心で接すること。	(19) 自然のすばらしさや不思議さを感じ取り，自然や動植物を大切にすること。
感動，畏敬の念	(19) 美しいものに触れ，すがすがしい心をもつこと。	(20) 美しいものや気高いものに感動する心をもつこと。
よりよく生きる喜び		

中学校目標：第1章総則の第1の2の(2)に示す道徳教育の目標に基づき，よりよく生きるための基盤となる道徳性を養うため，道徳的諸価値についての理解を基に，自己を見つめ，物事を広い視野から多面的・多角的に考え，人間としての生き方についての考えを深める学習を通して，道徳的な判断力，心情，実践意欲と態度を育てる。

小学校第5学年及び第6学年 (22)	中学校 (22)	
A 主として自分自身に関すること		
(1) 自由を大切にし，自律的に判断し，責任のある行動をすること。	(1) 自律の精神を重んじ，自主的に考え，判断し，誠実に実行してその結果に責任をもつこと。	自主，自律，自由と責任
(2) 誠実に，明るい心で生活すること。		
(3) 安全に気を付けることや，生活習慣の大切さについて理解し，自分の生活を見直し，節度を守り節制に心掛けること。	(2) 望ましい生活習慣を身に付け，心身の健康の増進を図り，節度を守り節制に心掛け，安全で調和のある生活をすること。	節度，節制
(4) 自分の特徴を知って，短所を改め長所を伸ばすこと。	(3) 自己を見つめ，自己の向上を図るとともに，個性を伸ばして充実した生き方を追求すること。	向上心，個性の伸長
(5) より高い目標を立て，希望と勇気をもち，困難があってもくじけずに努力し物事をやり抜くこと。	(4) より高い目標を設定し，その達成を目指し，希望と勇気をもち，困難や失敗を乗り越えて着実にやり遂げること。	希望と勇気，克己と強い意志
(6) 真理を大切にし，物事を探究しようとする心をもつこと。	(5) 真実を大切にし，真理を探究して新しいものを生み出そうと努めること。	真理の探究，創造
B 主として人との関わりに関すること		
(7) 誰に対しても思いやりの心をもち，相手の立場に立って親切にすること。	(6) 思いやりの心をもって人と接するとともに，家族などの支えや多くの人々の善意により日々の生活や現在の自分があることに感謝し，進んでそれに応え，人間愛の精神を深めること。	思いやり，感謝
(8) 日々の生活が家族や過去からの多くの人々の支え合いや助け合いで成り立っていることに感謝し，それに応えること。		
(9) 時と場をわきまえて，礼儀正しく真心をもって接すること。	(7) 礼儀の意義を理解し，時と場に応じた適切な言動をとること。	礼儀
(10) 友達と互いに信頼し，学び合って友情を深め，異性についても理解しながら，人間関係を築いていくこと。	(8) 友情の尊さを理解して心から信頼できる友達をもち，互いに励まし合い，高め合うとともに，異性についての理解を深め，悩みや葛藤も経験しながら人間関係を深めていくこと。	友情，信頼
(11) 自分の考えや意見を相手に伝えるとともに，謙虚な心をもち，広い心で自分と異なる意見や立場を尊重すること。	(9) 自分の考えや意見を相手に伝えるとともに，それぞれの個性や立場を尊重し，いろいろなものの見方や考え方があることを理解し，寛容の心をもって謙虚に他に学び，自らを高めていくこと。	相互理解，寛容
C 主として集団や社会との関わりに関すること		
(12) 法やきまりの意義を理解した上で進んでそれらを守り，自他の権利を大切にし，義務を果たすこと。	(10) 法やきまりの意義を理解し，それらを進んで守るとともに，そのよりよい在り方について考え，自他の権利を大切にし，義務を果たして，規律ある安定した社会の実現に努めること。	遵法精神，公徳心
(13) 誰に対しても差別をすることや偏見をもつことなく，公正，公平な態度で接し，正義の実現に努めること。	(11) 正義と公正さを重んじ，誰に対しても公平に接し，差別や偏見のない社会の実現に努めること。	公正，公平，社会正義
(14) 働くことや社会に奉仕することの充実感を味わうとともに，その意義を理解し，公共のために役に立つことをすること。	(12) 社会参画の意識と社会連帯の自覚を高め，公共の精神をもってよりよい社会の実現に努めること。	社会参画，公共の精神
	(13) 勤労の尊さや意義を理解し，将来の生き方について考えを深め，勤労を通じて社会に貢献すること。	勤労
(15) 父母，祖父母を敬愛し，家族の幸せを求めて，進んで役に立つことをすること。	(14) 父母，祖父母を敬愛し，家族の一員としての自覚をもって充実した家庭生活を築くこと。	家族愛，家庭生活の充実
(16) 先生や学校の人々を敬愛し，みんなで協力し合ってよりよい学級や学校をつくるとともに，様々な集団の中での自分の役割を自覚して集団生活の充実に努めること。	(15) 教師や学校の人々を敬愛し，学級や学校の一員としての自覚をもち，協力し合ってよりよい校風をつくるとともに，様々な集団の意義や集団の中での自分の役割と責任を自覚して集団生活の充実に努めること。	よりよい学校生活，集団生活の充実
(17) 我が国や郷土の伝統と文化を大切にし，先人の努力を知り，国や郷土を愛する心をもつこと。	(16) 郷土の伝統と文化を大切にし，社会に尽くした先人や高齢者に尊敬の念を深め，地域社会の一員としての自覚をもって郷土を愛し，進んで郷土の発展に努めること。	郷土の伝統と文化の尊重，郷土を愛する態度
	(17) 優れた伝統の継承と新しい文化の創造に貢献するとともに，日本人としての自覚をもって国を愛し，国家及び社会の形成者として，その発展に努めること。	我が国の伝統と文化の尊重，国を愛する態度
(18) 他国の人々や文化について理解し，日本人としての自覚をもって国際親善に努めること。	(18) 世界の中の日本人としての自覚をもち，他国を尊重し，国際的視野に立って，世界の平和と人類の発展に寄与すること。	国際理解，国際貢献
D 主として生命や自然，崇高なものとの関わりに関すること		
(19) 生命が多くの生命のつながりの中にあるかけがえのないものであることを理解し，生命を尊重すること。	(19) 生命の尊さについて，その連続性や有限性なども含めて理解し，かけがえのない生命を尊重すること。	生命の尊さ
(20) 自然の偉大さを知り，自然環境を大切にすること。	(20) 自然の崇高さを知り，自然環境を大切にすることの意義を理解し，進んで自然の愛護に努めること。	自然愛護
(21) 美しいものや気高いものに感動する心や人間の力を超えたものに対する畏敬の念をもつこと。	(21) 美しいものや気高いものに感動する心をもち，人間の力を超えたものに対する畏敬の念を深めること。	感動，畏敬の念
(22) よりよく生きようとする人間の強さや気高さを理解し，人間として生きる喜びを感じること。	(22) 人間には自らの弱さや醜さを克服する強さや気高く生きようとする心があることを理解し，人間として生きることに喜びを見いだすこと。	よりよく生きる喜び

【著者紹介】

丸岡　慎弥（まるおか　しんや）

1983年，神奈川県生まれ。三重県育ち。
大阪市公立小学校にて15年間勤務。2022年度より立命館小学校
にて勤務。教育サークルやたがらす代表。関西道徳教育研究会
代表。
NLPやコーチングといった新たな学問を取り入れて，これま
でにない教育実践を積み上げ，その効果を感じている。
教師の挑戦を応援し，挑戦する教師を応援し合うコミュニティ
「まるしん先生の道徳教育研究所」を運営。自身の道徳授業実
践も公開中。
著書に『高学年児童がなぜか言うことをきいてしまう教師の言
葉かけ』『話せない子もどんどん発表する！対話力トレーニン
グ』（以上，学陽書房），『２時間でわかる学級経営の基礎・基
本』『２時間でわかる授業技術の基礎・基本』（以上，東洋館出
版社），『取り外せる文例集つき！　現場発！小学校「特別の教
科　道徳」の見取り・評価パーフェクトブック』（フォーラム
A），『教務主任　365日の仕事大全』『ココが運命の分かれ道⁉
崩壊しない学級づくり究極の選択』（以上，明治図書）など多
数。

〔本文イラスト〕木村美穂

いちばんやさしい道徳授業
考え，議論する授業づくりの基礎スキル

2022年11月初版第１刷刊　©著　者　丸　岡　慎　弥
　　　　　　　　　　　　　発行者　藤　原　光　政
　　　　　　　　　　　　　発行所　明治図書出版株式会社
　　　　　　　　　　　　　http://www.meijitosho.co.jp
　　　　　　　（企画）林　知里　（校正）西浦実夏
〒114-0023　　東京都北区滝野川7-46-1
振替00160-5-151318　電話03(5907)6703
ご注文窓口　電話03(5907)6668

＊検印省略　　　　　　組版所　株式会社プリント大阪

Printed in Japan　　　　　ISBN978-4-18-359228-6
もれなくクーポンがもらえる！読者アンケートはこちらから